法|学|研|究|文|丛
——国际法学——

"有利于"类型冲突规范的适用及其证成

翁 洋●著

知识产权出版社
全国百佳图书出版单位
北京

图书在版编目（CIP）数据

"有利于"类型冲突规范的适用及其证成 / 翁洋著.
北京：知识产权出版社，2025.8. --（法学研究文丛）.
ISBN 978-7-5245-0065-0

Ⅰ.D997

中国国家版本馆 CIP 数据核字第 2025WK2890 号

责任编辑：彭小华　　　　　　　责任校对：谷　洋
封面设计：智兴设计室　　　　　责任印制：孙婷婷

"有利于"类型冲突规范的适用及其证成

翁　洋　著

出版发行：知识产权出版社有限责任公司	网　　址：http://www.ipph.cn
社　　址：北京市海淀区气象路 50 号院	邮　　编：100081
责编电话：010-82000860 转 8115	责编邮箱：huapxh@sina.com
发行电话：010-82000860 转 8101/8102	发行传真：010-82000893/82005070/82000270
印　　刷：北京建宏印刷有限公司	经　　销：新华书店、各大网上书店及相关专业书店
开　　本：880mm×1230mm　1/32	印　　张：5.5
版　　次：2025 年 8 月第 1 版	印　　次：2025 年 8 月第 1 次印刷
字　　数：130 千字	定　　价：48.00 元
ISBN 978-7-5245-0065-0	

出版权专有　　侵权必究
如有印装质量问题，本社负责调换。

本书系国家社会科学基金一般项目"涉外民事法律适用释法说理问题研究"(19BFX212)阶段性成果

目录
CONTENTS

1 绪论 ‖ 001
 1.1 研究背景 / 001
 1.2 研究意义 / 006
 1.3 国内外研究现状 / 007
 1.4 研究计划 / 016
 1.5 主要创新点 / 018
 1.6 术语说明 / 019

2 "有利于"类型冲突规范及其司法实践考察 ‖ 020
 2.1 我国"有利于"类型冲突规范的立法概况 / 020
 2.2 "有利于"类型冲突规范在我国司法实践中的适用情况 / 032
 2.3 "有利于"类型冲突规范司法实践中存在的问题 / 042

2.4 "有利于"类型冲突规范司法实践产生问题的原因 / 046
2.5 小结 / 050

3 "有利于"类型冲突规范适用认识错误的反思 ‖ 051

3.1 当前"有利于"类型冲突规范适用方法的主要观点 / 051
3.2 当前理论遭遇"司法规避"的原因 / 055
3.3 探索解决当前理论研究困境的出路 / 058
3.4 法社会学视角下"有利于保护弱者权益的法"的
　　确定方法 / 063
3.5 小结 / 070

4 "有利于"类型冲突规范适用模式的重构 ‖ 071

4.1 从法律适用模式角度研究"有利于"类型冲突规范的
　　适用过程 / 071
4.2 "有利于"类型冲突规范两种不同类型的适用
　　模式之争 / 075
4.3 如何处理两种不同法律适用模式之间的紧张关系 / 084
4.4 "有利于"类型冲突规范适用模式的构造 / 089
4.5 小结 / 098

5 "有利于"类型冲突规范适用中的后果考量 ‖ 099

5.1 "有利于"类型冲突规范后果考量的路径 / 099
5.2 "有利于"类型冲突规范后果考量的特点 / 104
5.3 "有利于"类型冲突规范后果考量的步骤 / 106
5.4 "有利于"的判断标准和方法 / 113
5.5 "有利于"类型冲突规范后果考量的原则 / 120
5.6 小结 / 123

6 "有利于"类型冲突规范正当化过程中的论证方法 ‖ 125

- 6.1 "有利于"类型冲突规范正当化过程中法律论证的必要性 / 125
- 6.2 "有利于"类型冲突规范正当化过程中法律论证的进路 / 130
- 6.3 "有利于"类型冲突规范后果主义论证过程的检验方法 / 135
- 6.4 "有利于"类型冲突规范法律论证的准则 / 141
- 6.5 小结 / 147

7 结论与展望 ‖ 148

- 7.1 结论 / 148
- 7.2 展望 / 152

参考文献 ‖ **155**

1 绪论

1.1 研究背景

2011年开始正式实施的《中华人民共和国涉外民事关系法律适用法》(以下简称《法律适用法》)为我国颁布的第一部较为完整、系统的国际私法法典,被视为中国特色社会主义国际私法体系基本建立的标志。该法典具有开放性的特点,在制定过程中积极吸收国际社会先进立法理念,同时具有包容性与系统性的特点,强调当事人意思自治与最密切联系原则在国际私法中的重要地位,并注重对在法律选择过程中处于弱势地位的当事人的保护,较好地协调了法官在适用法律时确定性与灵活性之间的平衡,进而使《法律适用法》更好地应对日益复杂的涉外民商事法律适用司法实践。[1]《法律适用法》的一大亮点是首次在调整涉外婚姻家庭纠纷的立法中引入"有利于"类型冲突规范❶，分别是第 25 条、第 29 条和第 30 条。❷ 这种类型的冲突规范被认为是对传统冲突法理论只注重"冲突法上的正义"的修正，在立法中表明其关注"实体法上的正义"的价值追求，因其具有结果导向性，因此也被看作一种与传统"法域选择规则"相异的"结果选择规则"。[2]

然而，从我国近些年的司法实践表现来看，"有利于"类型冲突规范在司法实践中的适用情况并没有达到立法的预期，"司法规避"的情形时常出现，也就是说有些法官在司法适用中搁置了"有利于条款"❸，并没有以符合法律文本及立法目的的方式解释和适用"有利于"类型冲突规范。[3] 先前的研究表明，在司法实践中很多案件忽略或无视选法规则中的"有利于"字眼，直接依据法律关系重心地的方法通过客观连结点的比较选择准据法进而作出裁判。❹

---

❶ 目前对于"有利于"类型冲突规则的称谓并不统一，使用较多的称谓有保护性冲突规范、比较型冲突规范和"有利于"模式选法规范三种。参见叶竹盛：《选择"更有利的法"：比较型冲突规范的司法困境及出路》，载《现代法学》2017年第 5 期，第 145 页；张丽珍：《〈法律适用法〉结果选择规则实施考察》，载中国国际私法学会：《新时代中国国际私法的使命——2018 年中国国际私法学会年会论文集》，第 244－245 页；徐伟功：《〈涉外民事关系法律适用法〉实施研究》，法律出版社 2019 年版，第 339 页。

❷ 《法律适用法》第 25 条规定："父母子女人身、财产关系，适用共同经常居所地法律；没有共同经常居所地的，适用一方当事人经常居所地法律或者国籍国法律中有利于保护弱者权益的法律。"第 29 条规定："扶养，适用一方当事人经常居所地法律、国籍国法律或者主要财产所在地法律中有利于保护被扶养人权益的法律。"第 30 条规定："监护，适用一方当事人经常居所地法律或者国籍国法律中有利于保护被监护人权益的法律。"

❸ 为便于论述，以免与其他学者的称谓相混淆，本书将《法律适用法》第 25 条、第 29 条以及第 30 条中的"有利于保护弱者权益的法"称为"有利于条款"。详见本书第 1.6 术语说明部分。

❹ 该学者主要收集"中国裁判文书网""北大法意""威科法律信息库"中收录的案件，截至 2018 年 6 月 5 日，以"涉外民事关系法律适用法"第 × 条作为关键词进行全文搜索，并剔除掉少数误引的案件，最终检索出涉及《法律适用法》第 25 条的案例 25 个、第 29 条的案例 10 个以及第 30 条的案例 4 个。资料来源于张丽珍的《〈法律适用法〉结果选择规则实施考察》，载中国国际私法学会：《新时代中国国际私法的使命——2018 年中国国际私法学会年会论文集》，第 227 页。

从法律选择的结果出发进行审视,在司法实践案例中,某些法官习惯性地以我国法律作为案件最终的准据法,其似乎将客观连结点当作顺理成章适用法院地法的工具,在裁判中倾向性地选择能够指向我国法律的客观连结点。司法实践中,法官这样的操作方法虽然可以避开烦琐沉重的外国法查明和比较,可谓"省时省力",但"有利于"模式选法规则的本意无从体现。[4]

实际上,在《法律适用法》颁布之初,我国国际私法学界曾就"有利于"类型冲突规范的解释和适用问题展开过热烈的讨论。目前普遍的看法是,《法律适用法》在适用中强调结果定向主义法律选择方法的运用,顺应了当下国际社会在国际私法立法中强调法律选择实质正义理念的延续。同时,其首次将弱者利益保护原则引入我国国际私法的立法中,明确表明立法在法律选择过程中优先保护未成年人、被扶养人、被监护人等弱者❶权益。与《海牙扶养义务法律适用议定书》❷ 等公约不同的是,《法律适用法》采

---

❶ 关于《法律适用法》中"弱者"界定的问题,我国国际私法学界也曾展开过激烈的辩论。本书主要讨论"有利于"类型冲突规则的适用方法问题,不拟对"弱者"界定这一议题展开讨论,相关内容可参见屈广清:《论保护弱者的国际私法方法及其立法完善——以冲突规范的保护方法为中心》,载《法商研究》2006年第5期;贺连博:《国际私法中弱者权利保护方法》,载《法学杂志》2008年第5期;尹雪萍:《论涉外民事关系法律适用中的弱者利益保护》,载《河北学刊》2011年第6期;袁雪:《法律选择中的弱者利益保护探究——以〈涉外民事关系法律适用法〉的规定为视角》,载《南昌大学学报》(人文社会科学版)2014年第1期;袁发强:《我国国际私法中弱者保护制度的反思与重构》,载《法商研究》2014年第6期;罗芳:《〈涉外民事关系法律适用法〉中的弱者利益保护规则》,载《中国社会科学院研究生院学报》2019年第4期;等等。

❷ 《海牙扶养义务法律适用议定书》(缔结于2007年11月23日)规定,涉外扶养可以从三个可供选择的法律中选择一予以适用,并且选择只能依次进行,即首先应当选择适用被扶养人的惯常居所地法;在被扶养人的惯常居所地法不能使被扶养人实现扶养目的时,再适用被扶养人和扶养人的共同本国法;前述两种法律均不宜适用时,则适用法院地法。

用的是无条件选择适用的冲突规范,并采取了将客观连结点和"有利于"这样的主观连结点并列的做法。对于这样的立法方式,法官该如何适用"有利于"类型冲突规范,有学者从文义解释角度出发,认为既然《法律适用法》将客观连结点和"有利于"这样的主观连结点并列规定在同一冲突规范中,法官在适用这类冲突规范时须谨慎地对各个选项进行比较、甄选,比较的内容不仅是各个连结点,同时要对各个连结点所指向的实体法进行查明,在此基础上对所指向的不同实体法内容进行比较,进而以最符合政策标准为原则确定案件最终适用的准据法。[5]还有学者认为,《法律适用法》采用这样的规定有利于法院在司法裁判中贯彻保护弱者利益的精神,增加了法律选择的灵活性并且更有利于作出能够切实保护弱者利益的判决。[6]但是,也有学者对《法律适用法》这样的立法规定在司法实践中是否具有可操作性提出了质疑,认为其虽然能够体现冲突法对实质正义的积极追求,但同时也将进一步增加法官查明和准确适用外国法的难度,阻碍司法任务简单化目标的实现。[7]此外,还有学者认为,"有利于"类型冲突规范具有明显的比较法特征,这也成为阻碍司法适用的一大难题,即究竟什么样的标准才是法官确定"有利于保护弱者权益的法"的依据呢?[3]若采用一些学者所支持的比较方法,那么比较的判断标准要如何确定?若像司法实践中那样任由法官在法律选择的过程中行使自由裁量权,那么法院地法必然会成为法官在确定准据法时的首选。

从上述分析可以看出,尽管《法律适用法》立意很好,也顺应了当今国际私法的发展趋势,但对于如何适用"有利于"类型冲突规范,仍有下列问题亟待解决。

(1)如何确定"有利于保护弱者权益的法"。"有利于"类型冲突规范的特点之一是引入了"有利于"这样一个主观性连结点,对这样的立法目的、立法形式及实现方式展开分析研究,将会对我们正确理解和适用"有利于"类型冲突规范起到重要的引导作用。目前,在理论研究中,学者们主要从两种不同的视角来解释"有利于保护弱者权益的法",即"法律说"与"结果说",但这些解释要么存在难以操作的问题,要么会导致法律选择的不确定问题,那么是否还有其他解释方法呢?其他方法是否可行?能否弥补当前解释方法所存在的不足?

(2)如何理顺"有利于"类型冲突规范的适用逻辑。目前,对于如何适用"有利于"类型冲突规范,理论和司法实践之间的背离现象还是比较明显的。一方面,司法实践中法官主要采用法律关系重心地的方法,通过正向推理的方式来选法;另一方面,有学者认为,既然"有利于"类型冲突规范属于一种结果导向型冲突规范,应从结果倒推或逆向推理得出准据法。这种背离现象的背后实际上隐含着国际私法形式主义与实质主义两种适用模式之间的一种紧张关系。那么,造成目前这种局面的根源又是什么?我们又该如何将两种方法或适用方式有机地统一在一个过程中,以实现法律选择的形式正义和实质正义?

(3)"有利于"的判断方法问题。《法律适用法》之所以在"有利于"类型冲突规范中引入"有利于条款",其根本目的在于实现对弱者权益的保护,并试图通过这样的立法形式确保弱者利益保护原则能够在国际私法的立法与司法实践中得到贯彻与实现。但是,弱者的相对性与立法的模糊性致使法官不能直接将弱者利益保护原则作为"有利于"的判断标准。从目前学者所提出的判断方法看,既没有体现出对弱者利益倾向性保护的特点,也存在难以操作的问题。因此,有必要反思当前学者所提出的"有利于"

的判断方法是否合理,以及什么才是"有利于"的正确判断方法。

(4)如何说理。涉外案件法官不说理的现象一直被学者诟病,对于"有利于"类型冲突规范而言更是如此。为进一步规范法官在适用"有利于"类型冲突规范中的释法说理行为,有必要搞清楚:一是"有利于"类型冲突规范适用中法官为什么要说理?二是法官说理的方法和途径有哪些?三是如何评价法官的说理?四是法官说理的目标或准则有哪些?

1.2 研究意义

"有利于"类型冲突规范的适用模式及其论证方法研究,具有十分重要的理论价值和实践意义。

从理论上来看,首先,采用法社会学解释方法解析"有利于保护弱者权益的法"拓宽了我们认识"有利于"类型冲突规范的视野,有助于我们更好地理解和解读立法引入"有利于保护弱者权益的法"的本意。其次,将"有利于"类型冲突规范的适用区分为"找法的过程"和"正当化的过程",科学地揭示了"有利于"类型冲突规范中正推法和逆推法之间的逻辑关系,进而协调形式主义与实质主义两种适用模式之间的紧张关系,有利于摆脱目前理论与实践脱节的窘境。

从实践上来看,首先,将后果主义推理方法引入"有利于"类型冲突规范的证立中,一方面有助于解决"有利于"类型冲突规范适用中的可操作性以及查明外国法负担的问题,另一方面明确"有利于"类型冲突规范适用过程是法官通过后果预判和后果评价的一个利益衡量和价值判断过程,为法官提供了法律选择正当化的方法。其次,针对司法实践中的"司法规避"现象,将后果主义论证方法运用到"有利于"类型冲突规范的适用中,可以

进一步指导法官重视"如何说理",增加判决的可接受性,同时也有助于从制度上设置评价法官释法说理的准则和标准。❶

1.3 国内外研究现状

1.3.1 国外情况

目前,国外学者普遍将"有利于"类型冲突规范视为一种结果导向型冲突规范,而结果导向型冲突规范则源于结果选择理论。自20世纪中期美国发生"冲突法革命"以来,关注判决结果成为美国司法实践以及理论研究的主要议题。卡弗斯(David Cavers)深刻分析了传统法律选择方法在关注实体判决结果方面的欠缺。[8]莫里斯(Joseph Morris)随后首次提出了"结果选择原则"的概念,进一步推动了结果选择理论的发展。[9]荣格(Friedrich Juenger)更是独树一帜地提出应当通过以结果为中心的"实体法"方法解决冲突法问题,并认为只有这样才能实现冲突法领域的个案公正。[10]西蒙尼德斯(Symeon Symeonides)进而总结,结果选择理论对当代国际私法的发展起到了重要的推动作用,美国"冲突法革命"中"比较好的法""政府利益分析说"以及"实体法"方法等多种法律选择理论均是结果选择理论在国际私法领域的具体实践。

欧洲的国际私法理论研究同样关注结果选择理论的发展。德国学者克格尔(Gerhard Kegal)从多个角度分析和比较了欧洲传统

---

❶ 2020年7月1日,《最高人民法院关于完善统一法律适用标准工作机制的意见》(法发〔2020〕35号,以下简称《意见》)经最高人民法院党组2020年第30次会议审议通过,自2020年9月23日起公布施行。《意见》全文共21条,分为10个部分,全面归纳了人民法院实现法律适用标准统一的10个路径与方法,提出了统一法律适用标准的21条具体措施。《意见》的出台,标志着人民法院统一法律适用标准工作进入新时代。

国际私法和美国现实主义国际私法的异同。[12]意大利学者维塔（Edoardo Vitta）也剖析了美国现实主义法学对欧洲国际私法发展所产生的影响。瑞士学者维希尔（Frank Vischer）更是发表了有关结果选择理念及其表现形式的文章。[14]而当20世纪即将进入尾声之际，在第15届国际比较法年会上，来自英国、美国、法国、德国等18个国家的学者围绕五个基本议题展开讨论，其中有关结果选择理论在国际私法领域的发展的讨论受到与会学者的普遍关注。❶

国外学者研究的重点主要集中在以下几个方面：

（1）结果导向型冲突规范的思想根源。从思想根源上来看，国外学者大多数认为"有利于"类型冲突规范是国际私法"有利原则"的一种具体体现。结果导向型冲突规范的理论基础源自结果选择理论，而结果选择理论的产生和发展很大程度上受美国实用主义法学的影响。"政府利益分析说"的倡导者柯里（Brainerd Currie）提出政策是实体法规制定的依据之一，在涉外民事法律选择中就是要实现实体规则所设定的政策目标，应通过比较案件中不同国家的政府利益来决定法律选择的结果。[15]"优先选择原则"的提出者卡弗斯则主张法律选择也应该追求一定的社会目的，以实现个案中的公平正义为目标。[16]莱弗拉尔（Robert Leflar）在卡弗斯学说的基础上提出了"比较好的法"（better law），认为应当

---

❶ 该年会的五个基本议题包括：多边主义方法、单边主义方法和实体法方法的对抗与共存；法律确定性和灵活性之间的紧张关系；"法域选择规则"、"内容中心"规则和方法之间的对抗与共存；"冲突正义"和"实质正义"之间的困境；实现国际统一性的目标和保护国家利益的需要之间的冲突。参见Symeon Symeonides, Private International Law at the End of the 20th Century: Progress or Regress?, XVth International Congress of Comparative Law, London, Boston: Kluwer Law International, 1999: 20。

直接比较不同法域的实体法,以保证案件的公正处理。[17]与莱弗拉尔所主张的在不同法域的实体法间比较不同,麦克道格(Luther McDougal)主张法院应该在比较各州立法的基础上选出"最好的法"。[18]与麦克道格不同,荣格认为"最好的法"并不可取,法官最好的做法是在个案中提炼总结出可以广泛适用于同类案件的实体规则,他将这一方法称为"实体法方法"(substantive law approach)。[19]

(2)结果导向型冲突规范的性质和特点。西蒙尼德斯认为,结果导向型冲突规范具有较强的实体法倾向,"有利于"类型冲突规范从性质上看也是一种结果导向型冲突规范。此外,结果导向型冲突规范还存在规则(rule)与方法(approach)之争的问题。[21]现在普遍的看法是,近年来,欧洲国际私法深受美国"冲突法革命"的影响,也开始关注法律选择中的价值利益以及实体结果,但相较于美国"冲突法革命"的激进态度,欧洲国家在保留传统法律选择方法的客观性和可预见性的基础上,采用相对折中的方案,试图以在立法中规定例外条款的方式实现法律选择的实质正义。马拉威尔(Alexandra Maravel)就认为欧洲在结果导向型冲突规范的适用上采取了一些有灵活度的策略,比如灵活地在立法中预先设定可供选择或优先考量的顺序,抑或是在综合权衡各方利益的前提下预先设定需要重点保护的利益等,以期在实现法律选择实质正义的同时保证冲突规范的可操作性。[22]

(3)结果导向型冲突规范的合理性。结果导向型冲突规范的合理性问题是外国学者讨论的重点议题之一。对此有两种不同的看法,一种持否定态度,如梅伦(Taylor Mehren)认为结果导向型冲突规范缺乏实践的可操作性,[23]施莱辛格(Rudolf Schlesinger)认为结果导向型冲突规范在赋予法律选择更多灵活性的同时也会赋予法官更人的自由裁量空间,所以很可能导致法官最终选择适用法院地法。[24]另一种持肯定态度,认为结果导向型冲突规范的选法方法对于选出合适的法大有益处,需正视该方法对于实现实体正义具有的意义,如西蒙尼德斯就支持该选法方法,认为结果导向型冲突规范客观上反映了当代冲突法的发展趋势,欧洲冲突法领域对"结果定向规则"的运用也从侧面证明了其合理性。[11]此外,还有学者从司法实践的角度分析了"有利于"类型冲突规范的合理性,如安托科尔斯卡亚(Masha Antokolskaia)就认为受政策、宗教、文化等因素的影响,在涉外婚姻家庭领域的司法实践中,传统法律选择方法并不能得出一个合理的结果,在这些领域采用结果导向型冲突规范较为合理。[25]西蒙尼德斯认为,欧洲的冲突法在立法与司法实践中都表现出对"结果定向规则"的认可与运用。同时,美国一些州仍将"比较好的法"作为法院的选法原则,例如新罕布什尔州(New Hampshire)、威斯康星州(Wisconsin)、明尼苏达州(Minnesota)、罗德岛州(Rhode Island)以及阿肯色州(Arkansas)。但在20世纪末,部分州已经决定吸收更多的法律选择方法,只有明尼苏达州与威斯康星州在合同法领域仍坚持采用"比较好的法"原则。[11]

1.3.2 国内情况

与国外学者相比,我国学者对于"有利于"类型冲突规范的研究起步较晚,大部分成果主要集中在我国《法律适用法》颁布以后,学者研究的重点聚焦在以下几个方面:

(1)"有利于"类型冲突规范的特点。目前,国内学者对于"有利于"类型冲突规范的概念并未形成统一的认识,现有教科书也没有相关内容。在已发表的成果中,缺乏"有利于"类型冲突规范的清晰概念,只是在研究中总结认为这是"弱者利益保护原则"在涉外民事领域某些冲突规范中的具体表现。如郭玉军教授认为,从有利于保护弱者利益的角度看,这个类型的冲突规范具体有两种立法模式,一种是在立法规定中明确提出"有利于"或相近的规范,另一种是在立法中规定含有弱者利益保护之意的规范。[26]宋晓教授认为,两种不同的立法模式所表现出的价值追求是不同的,前一种模式追求法律选择的冲突正义或形式正义,后一种模式则更加关注法律选择的实体正义。[27]袁发强教授指出,具体而言,在未明确提出"有利于"规则的立法模式中,如《法律适用法》规范涉外消费者纠纷的第42条与涉外劳动纠纷案件的第43条,立法均以预先设定与弱者具有紧密联系的属地法的方式对弱者利益进行倾向性保护,如消费者经常居所地法律与劳动者工作地法律,但这样的立法模式似乎并未将关注点聚焦在冲突规范所指向的实体法是否能够保护弱者的利益的问题上。[7]而在另一种明确提出"有利于"规则的立法模式中,如《法律适用法》规范涉外婚姻家庭领域案件的第25条、第29条以及第30条中,立法者显然希望将立法对于法律选择实体正义的价值追求以一种更为直接的方式表达出来。[7]

(2)我国"有利于"类型冲突规范立法和司法实践。国内学者前期的研究成果主要集中在"有利于"类型冲突规范的立法层面,近年来也越来越关注司法操作问题。在已有的研究成果中,多位学者认为"有利于"类型冲突规范在立法形式上存在一定的不足。如万福良认为,立法中应当更加明确对于"弱者"的指向,并且应当进一步扩大其内涵。[28]郭玉军教授认为,《法律适用法》中"有利于"类型冲突规范的配套规定不完善,可能给法官增加繁重的司法任务,从而引发司法实践中法官错误适用法律的问题。[26]袁发强教授认为,由于"有利于"类型冲突规范过于追求实体法正义,加之选法方法本身存在缺陷,因此在立法中应当进一步明确"有利于"的判断标准,以及可以通过如限制性解释的方式将"有利于条款"所要保护的当事人特定化。[7]郝华玮认为,"有利于"类型冲突规范存在模糊性,很难限制法官滥用自由裁量权,最终不利于实现对弱者一方当事人利益的保护。[29]卢翠玲认为,立法应进一步明确"有利于"的判断主体和判断标准,判断的"度"对于"有利于"类型冲突规范而言极为重要。[30]

先前研究主要集中在"有利于"类型冲突规范的立法层面,对于司法实践的研究相对较少。张丽珍、叶竹盛曾对"有利于"类型冲突规范在我国的司法适用状况作过统计。张丽珍认为,"有利于"类型冲突规范在司法实践中表现出多方面的不足,例如,判决结果存在过度适用法院地法的问题、判决过程存在法律选择不明的问题、论证存在说理不足的问题等,应进一步细化"有利于条款"适用时需要考虑的因素。[31]叶竹盛认为,在我国当前的司法实践中,法官在适用"有利于"类型冲突规范时通过各种方式规避适用"有利于条款"。[3]对于司法实践中存在的诸多问题,袁发强教授指出,其根本原因在于"有利于"类型冲突规范的立法形式旨在实现法律选择过程中的实体法正义,但司法实践中出现的问题表明目前仍缺乏一种具有可操作性的适用方法。[7]总的来讲,伴随着国内学者研究的不断深入,"有利于"类型冲突规范的司法实践问题逐渐受到学者的重视,但从已有的研究成果看,对于如何正确适用"有利于"类型冲突规范,学者们还未探寻出一个合理的解决方案。

(3)"有利于"类型冲突规范的法理分析。从已有的研究成果看,国内学者从法理方面对"有利于"类型冲突规范展开的研究多是对国外学者研究成果或路径的延续,研究的重点集中在"有利于条款"的发展、内涵以及判断标准等问题上。多数现有研究成果认为"有利于"类型冲突规范具有三种类型,分别为有利于弱者利益、有利于婚姻关系的存续或解除,以及有利于某种法律行为的有效性。在思想根源上,杜涛教授认为,"有利于"类型冲突规范的选法方法最早可追溯到 12 世纪的意大利,并伴随着美国"冲突法革命"得以复兴。"有利于"类型冲突规范本质上是柯里"政府利益分析说"的落实,是该理论的具体表现形式。[32]"有利于"类型冲突规范就是期望通过引入结果导向主义的方式,确保弱者一方当事人的利益能够在法律选择过程中得到倾向性保护。[33]

1.3.3 总体评价

通过上述分析可以看出,国外学者主要侧重于结果导向型冲突规范的研究,而随着《法律适用法》引入"有利于"类型冲突规范,我国学者逐渐将研究的重点放在"有利于"类型冲突规范的立法和司法实践上。总体来看,国内外学者对"有利于"类型冲突规范是一种结果导向型冲突规范已达成共识,也都认为其是传统国际私法融合结果选择理论的产物,具有结果导向型冲突规范的基本特征。《法律适用法》之所以在冲突规范中规定"有利于条款",其目的是更好地贯彻与实现弱者利益保护原则。

但是,从我国学者对"有利于"类型冲突规范在我国司法实践中的统计分析看,对于如何适用"有利于"类型冲突规范,目前的理论研究还比较薄弱,仍存在下列不足之处。

(1)目前学者普遍的看法是,"有利于条款"在司法实践中常常遭遇"司法规避",司法实践中法官的做法无法体现出"有利于"类型冲突规范所设定的"有利于保护弱者权益"的立法目的。或许是受美国结果选择理论的影响,我国多数学者认为"有利于"类型冲突规范既然是一种结果导向型冲突规范,那么在法律适用上就应该借鉴美国现实主义法学派所提出的法律选择方法,即通过比较不同国家的实体法或比较适用不同国家实体法得出的判决结果来确定"有利于保护弱者权益的法"。但这种比较的方法正如美国学者梅伦以及施莱辛格等人所分析的，很容易导致在司法实践中缺乏可操作性。因为立法在赋予法律选择更多灵活性的同时也会赋予法官更大的自由裁量空间，所以从结果上看很可能会导致法官最终选择适用法院地法，这也许就是我国法官不采用学者提出的选法方法的原因之一。因此，有必要另辟蹊径破解当前困境。

（2）当前理论研究在某种程度上忽视了传统国际私法形式主义思维与美国实质主义思维之间的紧张关系。正如西蒙尼德斯所言，在结果导向型冲突规范的适用上存在"规则"与"方法"之争。从我国司法实践看，法官基本延续了传统国际私法形式主义思维，主要通过法律关系场所化的方式来确定准据法，而学者则认为应该通过比较各国实体法或比较适用不同国家实体法所得判决结果来确定准据法。两种不同的法律思维导致在"有利于"类型冲突规范的适用问题上，出现理论与实践各执一端，彼此分离的局面。本书认为，"有利于"类型冲突规范是传统冲突规范融合结果选择理论的产物，因此带有结果选择理论所固有的后果主义思维特征，势必会影响"有利于"类型冲突规范的适用逻辑和方法。对于当下的"有利于"类型冲突规范的适用而言，最为迫切的是要探索出一种融合传统国际私法思维与后果主义思维，能够与司法实践相契合的法律适用模式。

（3）目前理论研究在某种程度上忽略了"有利于"类型冲突规范在法律适用上的特殊性。"有利于"类型冲突规范作为一种结果导向型冲突规范，在适用上显然不同于其他类型冲突规范。结果导向型冲突规范源自美国的结果选择理论，而结果选择理论受美国实用主义观念的影响,具有典型的后果主义思维特征。这一特征决定了在"有利于"类型冲突规范的适用上,法官应该从后果出发倒推出"有利于保护弱者权益的法"。从一般意义上讲,裁判后果分为法律后果和社会后果。现有研究实际上主要局限于从法律后果的角度来解释"有利于"类型冲突规范的适用问题,但这一路径由于存在外国法的查明负担以及价值的不可通约性等难题而难以操作。因此,我们有必要从社会后果的角度出发,重新认识和解释"有利于"类型冲突规范的适用步骤和方法。

(4)在我国当前的理论研究中,大多数学者都指出法官在适用"有利于"类型冲突规范的过程中要么不说理,要么说理不充分。但是对于法官在适用"有利于"类型冲突规范时该如何说理,我国目前的研究成果几乎是一片空白。我国学者焦宝乾认为,从法律论证的角度看,法律适用实际上包含"发现的过程"(context of discovery)与"证立的过程"(context of justification)两个层次。[34]可以说,目前理论研究主要从找法的角度研究"有利于"类型冲突规范的适用过程,而某种程度上忽视了法律选择的正当化过程。从我国学者的统计分析看,司法实践中法官仅仅通过列出相关的法条或客观连结点的做法,显然无法证明其结果是否实现"有利于保护弱者权益"的立法目的。因此,有必要进一步拓展这一领域的研究,以便更好地指导司法实践。

总之,从我国学者已有的研究成果来看,对于"有利于"类型冲突规范的适用问题仍存在理论与司法实践脱节的现象,并没有针对性地解决司法实践中存在的问题,还有诸多问题亟待进一步解决。

1.4 研究计划

1.4.1 研究目的

本书希望通过对上述问题的讨论，一方面正本清源，从理论上廓清"有利于"类型冲突规范的适用逻辑；另一方面能为法官适用"有利于"类型冲突规范提供正确可行的方法论指引。

1.4.2 研究思路

从"有利于保护弱者权益的法"的确定入手，以"有利于"类型冲突规范适用中的正推法和逆推法之间的辩证关系为主线，系统地论证"有利于"类型冲突规范产生的思想基础、解释方法、适用模式、利益衡量方法以及论证方法，试图探寻出一个完整的、与法律实践更相契合的逻辑结构。

1.4.3 主要内容

全书共分为七章展开论述：

第一章为绪论，主要阐述本书的研究背景、研究路径、研究方法以及理论价值和实践意义。

第二章为"有利于"类型冲突规范及其司法实践考察，主要通过实证方法考察了"有利于"类型冲突规范在我国司法实践中的现状以及存在的问题，并在此基础上剖析了产生上述问题的原因。

第三章为"有利于"类型冲突规范适用认识错误的反思，主要从思想根源、操作方法和判断标准几个方面，论证"法律说"以及"结果说"在对"有利于保护弱者权益的法"的解读上所存在的问题，并提出应转换视角，从法社会学角度来解析，明确追求弱者利益保护的社会效果才是立法的根本目的，唯有如此，才能实现法律选择的法律效果和社会效果的统一。

第四章为"有利于"类型冲突规范适用模式的重构，主要论证"有利于"类型冲突规范适用中实际上隐含着正推法和逆推法两种不同的适用模式，其分别代表着国际私法形式正义和实质正义两种不同的价值追求。从当今国际私法形式正义和实质正义不断融合的角度出发，本书提出"有利于"类型冲突规范的适用过程既是通过正推法"找法的过程"，同时也是通过逆推法进行后果主义"正当化的过程"。

第五章为"有利于"类型冲突规范适用中的后果考量，主要论证"有利于"类型冲突规范后果考量的标准、方法和步骤等，指出"有利于"类型冲突规范适用的根本目的在于实现弱者利益保护的可欲后果。可欲后果是有利于弱者利益保护实现的判断标准，而其形成是通过对具体个案中各种利益的预判和衡量完成的，其确立为后果主义正当化过程提供判断依据。

第六章为"有利于"类型冲突规范正当化过程中的论证方法，主要论证"有利于"类型冲突规范法律论证的必要性、方法和进路。通过分析"有利于"类型冲突规范正当化过程中法律论证的理由和情形，提出"有利于"类型冲突规范正当化过程中法律论证的两种不同的进路，并主张通过设立合法性、合理性、客观性和融贯性准则从制度上约束法官的法律论证过程。

第七章为结论与展望，是对全书进行总结，为摆脱目前在"有利于"类型冲突规范适用上理论与实践脱节的现状，我们应重新认识"有利于保护弱者权益的法"在"有利于"类型冲突规范中的定位，厘清"有利于"类型冲突规范适用上两种模式之间的逻辑关系，细化"有利于"类型冲突规范适用中的后果考量过程。针对目前司法实践中所存在的问题，我们应加强"有利于"类型冲突规范的正当化研究，充分认识后果主义论证方法在"有利于"类型冲突规范适用中的意义和限度。为了扭转当下司法实践中法官在适用"有利于"类型冲突规范过程中不说理或说理不充分的现状，我们应强化法官的论证义务，并设置相应的准则加以制度上的保障。

1.5 主要创新点

第一，先前研究主要采用比较的方法来确定"有利于保护弱者权益的法"，但这种方法存在难以操作的问题，常常遭遇"司法规避"的尴尬。本书提出应转换视角，从法社会学角度透视"有利于"类型冲突规范的适用过程，这为我们重新认识"有利于保护弱者权益的法"提供了一个新的视角，有助于摆脱目前"有利于"类型冲突规范理论研究的困境。

第二，本书从理论上提出"有利于"类型冲突规范的适用过程实际上隐含着两种不同的适用模式。将"有利于"类型冲突规范的适用划分为两个层次，即"找法的过程"和"正当化的过程"，这样就可以理顺"有利于"类型冲突规范适用中正推法和逆推法之间的逻辑关系，进而协调形式主义与实质主义两种适用模式之间的紧张关系，使"有利于"类型冲突规范的司法适用具备一个完整的、与法律实践更相契合的逻辑结构。

第三，"有利于"类型冲突规范正当化过程中的论证方法研究可以说是当前理论研究的空白，本书提出将后果主义论证方法引入"有利于"类型冲突规范的"正当化的过程"，并从可普遍化性、一致性以及融贯性角度检验"有利于"类型冲突规范的后果主义论证过程，这就为我国当前司法实践中法官适用"有利于"类型冲突规范时的释法说理提供了可供参考的方法论指引。

1.6 术语说明

作为一种新生事物,我国《法律适用法》第 25 条、第 29 条以及第 30 条采用"有利于"类型冲突规范这样一种新型的冲突规范形式,由于观察的视角不同,不同学者从不同角度认识,称谓也不统一,反映出对于"有利于"类型冲突规范还未达成共识。目前,国内外对于这类冲突规范主要有以下几种不同的称谓,如"结果选择规则"(result-oriented rules)、[11]"实质法律选择规则"(material choice-of-law rules)、[19]"可替换连结点规则"(alternative reference rules)、[10]"内容中心规则"(content-oriented rule)、[19]保护性冲突规范或弱者保护原则条款、[35]"有利条款""比较型冲突规范"[36]以及保护性冲突规范等。

为便于论述,以免与其他学者的称谓混淆,本书将《法律适用法》第 25 条、第 29 条以及第 30 条这类冲突规范称为"有利于"类型冲突规范,而将"有利于保护弱者权益的法"称为"有利于条款"。之所以如此,主要基于以下两方面的考虑:一方面,这类冲突规范中包含"有利于"的字眼,可以清晰地将这类冲突规范与其他类型的冲突规范区分开来;另一方面,"有利于"类型冲突规范中的"有利于条款"能够反映出立法者的"有利于保护弱者权益"的立法意图,这样的表述更为清楚、简洁。

2 "有利于"类型冲突规范及其司法实践考察

2.1 我国"有利于"类型冲突规范的立法概况

2.1.1 《法律适用法》的颁布和实施

作为调整我国涉外民事法律关系的单行法,《法律适用法》于 2010 年 10 月 28 日经全国人大常委会第十七次会议审议通过,自 2011 年 4 月 1 日起施行。该法的出台为我国法院审理涉外婚姻家庭、继承、物权、债权以及知识产权等案件提供了较为准确且系统完整的法律规范。

我国近代史上第一部国际私法领域的单行立法可以追溯到北洋政府于 1918 年 8 月 5 日颁布生效的《法律适用条例》,其后除我国台湾地区于 1953 年 6 月 6 日公布实施的所谓的"涉外民事法律适用法"外,我国并未颁布有关涉外民事关系法律适用的单行法。中华人民共和国成立以后,关于涉外民事关系的法律适用问题,我国所采取的立法方式是在部门法中加入涉外民事关系法律适用条款的方式,如原《中华人民共和国民法通则》(以下简称原《民法通则》)在体例上就设有专章用于调整涉外民事法律关系。此外,原《中华人民共和国继承法》(以下简称原《继承法》)、原《中华人民共和国收养法》(以下简称原《收养法》)、原《中华人民共和国涉外经济合同法》(以下简称原《涉外经济合同法》),以及原《中华人民共和国合同法》(以下简称原《合同法》)等法律也就各自部门法领域内的涉外民事关系法律适用问题作出了立法规定。同时,最高人民法院也制定了诸如原《最高人民法院关于贯彻执行〈中华人民共和国民法通则〉若干问题的意见(试行)》(以下简称原《指导意见》)以及《最高人民法院关于审理涉外民事或商事合同纠纷案件法律适用若干问题的规定》等司法解释,对涉外立法中的不足与遗漏部分进行了解释与补充。这些法律与司法解释为我国涉外民商事关系法律适用构建了结构庞杂的立法体系,但这种缺乏系统性、将法条散布在各单行法之中的立法方式也增加了司法实践的难度,法官在审理涉外民事关系案件时需要查阅多部可能含有相关法条的单行法,同时各法条之间也缺乏科学、严密的立法逻辑,给法官的审判造成一定的障碍。

伴随着我国对外开放的逐步深入,人民法院受理的涉外民商事案件也逐年增多,案件类型较之前变得更加多元化,使本就繁杂的涉外民事关系法律适用体系更加难以应对,相关法律规定的司法实践操作性差的缺点日益凸显。2002年,学术界同时向国家相关部门提交了两份有关制定涉外民事关系法律适用法的建议稿,分别是以韩德培教授为代表的国际私法学会提交的版本,以及以费宗祎等三位专家为代表提交的版本。随后,全国人大常委会法工委民法室结合费宗祎等三位专家提交的建议稿形成了《中华人民共和国民法·涉外民事关系法律适用编》,但这份草案因同年民法典编纂时机尚不成熟并未形成单行法,不过全国人大常委会法工委的立法草案拟定工作并未停止。直到2008年,国际私法学会再次向全国人大常委会法工委提交了《中华人民共和国涉外民事关系法律适用法建议稿及说明》,而这份建议稿最终成为全国人大常委会法工委在制定立法草案时的重要参考依据。在多次征求最高人民法院意见后,全国人大常委会对《法律适用法》的立法草案进行了审议,后再次向全国法院系统征求意见,最终经第十一届全国人大常委会第十七次会议审议通过后于2011年正式实施。

《法律适用法》的颁布在我国涉外立法史上无疑具有里程碑意义,它不仅满足了保护涉外民事关系当事人合法权益的需要,有助于法院更好、更合理地应对日益复杂的涉外民事案件,而且顺应了我国对外开放的实际需要,对于积极保护涉外民事法律关系中弱者一方当事人的合法权益、及时合理处理涉外民事纠纷、有效规范涉外民事法律关系以及构建涉外民事关系法律秩序都具有重要意义。[37]《法律适用法》打破了我国涉外民事关系领域立法杂乱的尴尬局面,为我国涉外民事司法实践提供了一部系统化且具有可操作性的单行法律。《法律适用法》在体例上分为8个章节共计52条,内容涵盖了涉外民事法律关系的各个方面,体现出其系统化的特点。在立法原则方面,最密切联系原则、当事人意思自治原则与弱者利益保护原则的引入同样是《法律适用法》的一大亮点。最密切联系原则与当事人意思自治原则首次出现在具有总则意义的一般规定部分,分别为第2条和第3条;而体现弱者利益保护原则的条款则有很多,如第25条、第29条以及第30条的"有利于条款"体现着在涉外婚姻家庭领域中对于弱者一方当事人合法权益的特殊保护,第42条体现着对于消费者一方的特殊保护,第43条体现着对于劳动者一方的特殊保护,以及第45条和第46条对侵权案件中被侵权人一方合法利益的特殊保护。

2.1.2 "有利于"类型冲突规范在《法律适用法》中的规定

在《法律适用法》颁布之前，我国用于调整涉外家庭关系中父母子女人身、财产关系的法律规定由三个条款构成，分别是原《民法通则》第 148 条❶、原《指导意见》第 189 条❷以及第 190 条❸。原《民法通则》第 148 条与原《指导意见》第 189 条都选择了以最密切联系原则为法律选择时的核心价值考量的原则。原《民法通则》第 148 条明确了立法在价值取向上应当优先保护被扶养人的合法权益，原《指导意见》第 189 条则可以看作对第 148 条的补充规定，将最密切联系原则的适用范围由扶养关系扩大至扶养或抚养关系。而原《民法通则》第 148 条并未在立法中规定最密切联系因素的考量范围，因此在实践中法官往往也会参照第 189 条的规定从父母子女的国籍国法、住所地国法以及扶养人财产所在地法律中选取与案件具有最密切联系的法律。原《指导意见》第 190 条对父母与未成年子女的涉外监护关系进行调整，该条在立法时采用了法院地法主义，规定若被监护人在中国境内有住所则需适用中国法律。从上述三条法规可以看出，《法律适用法》出台之前，我国有关涉外婚姻家庭关系法律适用的规定在一定程度上存在立法价值与立法标准不统一的问题，由此可能导致司法实践中适用混乱的情形。比如，在一个案件中，未成年当事人甲为被

---

❶ 原《民法通则》第 148 条规定，扶养适用与被扶养人有最密切联系国家的法律。

❷ 原《指导意见》第 189 条将上述条款解释为，父母子女相互之间的抚养，适用与被抚养人有最密切联系国家的法律。抚养人和被抚养人的国籍、住所以及供养被抚养人的财产所在地，均可视为与被抚养人有最密切联系。

❸ 原《指导意见》第 190 条规定，监护的设立、变更和终止，适用被监护人的本国法，但被监护人在我国境内有住所的，适用我国的法律。该规定也适用与父母对未成年子女的监护关系。

抚养人（被监护人），其具有 A 国国籍，且 A 国也为其惯常居所地，那么依据原《民法通则》第 148 条的规定，应当认定 A 国为甲的最密切联系国，因而适用 A 国法。但依据原《指导意见》第 190 条则会得出不同结论，如果甲在我国境内有住所，则应当优先适用我国法律。这种立法上的不协调也导致同一种情形的案件适用两个不同的法律会得出不同的判决结果。通过上述规定不难看出，在《法律适用法》出台之前，我国在涉外案件中的父母子女关系问题的法律适用依据上并不存在系统性的规定，只是零散地规定了父母子女之间的扶养关系、监护关系及涉外离婚案件中父母子女关系的准据法，且存在立法规定之间相互冲突与司法适用混乱的情形。

《法律适用法》的出台彻底改变了先前的混乱情形，在调整涉外父母子女人身财产、扶养以及监护关系时统一采用"有利于"类型的冲突规范，使之更具有系统性、完整性。

（1）《法律适用法》第 25 条。《法律适用法》第 25 条所调整的是涉外父母子女人身、财产关系的法律适用问题。在《中华人民共和国民法典》（以下简称《民法典》）颁布之前，我国对于父母子女人身、财产关系的调整主要由原《婚姻法》、原《继承法》以及原《收养法》等共同进行。在《民法典》颁布之后，我国法定的父母子女关系存在多种类型，其中父母关系包含有婚姻关系的生父母、没有婚姻关系的生父母、养子女的生父母、养父母以及继父母共 5 种类型；而子女关系包含婚生子女、非婚生子女、养子女以及继子女共 4 种类型。从法条中可以看出，在涉外父母子女人身、财产关系的法律适用问题上，如果父母子女存在共同经常居所地，则应当适用共同经常居所地法。立法之所以规定优先适用双方共同经常居所地法，是因为若存在双方共同经常居所地，则共同经常居所地法通常与双方均具有最密切联系；另外，居所地的公序良俗往往是法官在法律选择时的一个重要考量因素。本条所包含的可供法官选择的准据法共有5个：双方共同经常居所地法、父母一方经常居所地法、子女一方经常居所地法、父母一方国籍国法以及子女一方国籍国法，法官需要在以上5个客观连结点所指向的准据法中选取有利于保护弱者利益的法律。本条意在体现国际私法领域中的弱者利益保护原则，在立法给定的连结因素中选取有利于保护弱者权益的法律。

（2）《法律适用法》第29条。《法律适用法》第29条所调整的是涉外扶养关系的法律适用问题。在我国立法中，扶养是指在亲属关系中，具有经济能力的一方对无生活能力或无经济能力的一方给予扶助以维持其基本生活的法律制度。我国《民法典》中规定了3种法定扶养关系：夫妻间的扶养关系❶、兄姐对弟妹的扶养关系❷以及弟妹对兄姐的扶养关系❸。除以上3种法定负有扶养义务的情形外，还应当包含长辈与晚辈间的扶养关系，祖父母与孙子女、外祖父母与外孙子女之间若形成事实上的扶养关系，也应当认定其双方具有合法的扶养关系，适用《法律适用法》第29条进行调整。本条的制定参考了中国国际私法学会于2000年《中华人民共和国国际私法示范法（立法建议稿）》第140条，该条提出应当在被扶养人的本国法、住所地法或者惯常居所地法中选择

---

❶ 《民法典》第1059条规定：夫妻有相互扶养的义务。需要扶养的一方，在另一方不履行扶养义务时，有要求其给付扶养费的权利。

❷ 《民法典》第1075条规定：有负担能力的兄、姐，对于父母已经死亡或者父母无力抚养的未成年弟、妹，有扶养的义务。由兄、姐扶养长大的有负担能力的弟、妹，对于缺乏劳动能力又缺乏生活来源的兄、姐，有扶养的义务。

❸ 同本页脚注2。

对被扶养人最有利的法律。❶

（3）《法律适用法》第 30 条。在《法律适用法》颁布之前，涉外民事关系中监护关系的调整主要依据原《指导意见》第 190 条。从法条中可以看出，对于监护关系，我国立法采取的是法院地法主义，凡是被监护人在我国境内有住所的，均适用我国法律。《法律适用法》对涉外民事关系中监护关系的规定延续了原《指导意见》所采取的属人法与属地法连结因素。《法律适用法》与原《指导意见》的区别主要有两点：一是《法律适用法》在考虑连结因素时不再只考量被监护人的属人法或属地法，而是将考量的范围涵盖双方当事人。如此一来，法官在进行法律选择时可考量的因素就会增多，案件可能指向的法律越多，当事人权益所受保护的可能性就越高，避免出现一方监护人国籍法明显更有利于保护被监护人利益，但法官无法选择该法律保护被监护人合法权益的无奈情形。二是《法律适用法》不再延续再原《指导意见》中所采用的法院地法主义，不在立法中规定直接适用我国法律的情形，同时加入了经常居住地法的连结因素。经常居住地相较住所地更能体现对当事人当下利益保护的需求。

2.1.3 《法律适用法》引入"有利于保护弱者权益的法"的原因

《法律适用法》的十大亮点之一就是在婚姻家庭领域采用了"有利于"类型冲突规范，而其主要特点就是在选择适用冲突规范的基础上引入了"有利于保护弱者权益的法"这一条款。立法之所以如此，本书认为主要基于内外两方面因素的考虑：

---

❶ 《中华人民共和国国际私法示范法（立法建议稿）》第 140 条规定："扶养，适用被扶养人的本国法、住所地法或者惯常居所地法中对被扶养人最有利的法律。"

(1)弱者利益保护的内在需求。20世纪末期,越来越多的国家在国际私法领域的立法中以更为直接或公开的方式宣示其对于法律争议中一方当事人利益的倾向性保护。这些当事人通常是在法律关系中处于弱势的一方或利益被认为需要受到保护的一方,如在婚姻家庭关系中的被抚养人、侵权行为中的受害者以及劳动关系中的受雇人等。[20]诚如西蒙尼德斯教授所言,对法律关系中的弱者进行特殊保护已然成为晚近国际私法领域的发展趋势。"有利于"类型冲突规范的产生便是基于国际私法领域越来越重视对弱者利益进行保护的趋势,体现着我国立法倾向于保护弱势一方当事人利益的价值取向。弱者利益保护在国际私法领域的发展在一定程度上也反映出后现代主义思潮对国际私法的影响。在后现代主义哲学看来,人类社会就是一个密切相关的共同体,各国之间不仅存在竞争,更含有互助之意。从法学的角度去审视,普遍性的法律所追求的是绝大多数人的公平公正,而对于在法律关系中处于弱势的一方就需要在立法中进行倾向性保护,才能使得法律之天平保持平衡。

法律对于弱者利益的倾向性保护可以溯源至对人权的保护。人权的普遍性已成为全世界的共识,法律作为规范人权主体的行为制度,应当秉持对人权主体保护的公平、公正原则。随着人权理论的不断发展,在立法中对处于相对弱势的群体进行差异化的保护被证实更有利于实现民事主体间权利的真正平衡。传统国际私法将人权的理念贯穿于法律选择的过程中,通过将法律选择规则化的方式去保证法律选择的稳定性与可预测性,进而实现国际私法视域下的人权平等。随着社会与立法技术的不断发展,人权保护理念也在国际私法的立法中生根发芽,许多国际条约或国内立法都体现出在家庭关系领域或者妇女儿童领域中对特定弱者——

方当事人的倾向性保护，这表明弱者利益保护原则在国际私法领域的立法中获得越来越多的关注。立法倾向的转变背后是传统国际私法对曾经恪守许久的人人权利平等假定的反思，无差别地对待当事人难以实现法律选择的实质正义，也就难以实现国际私法领域的人权保护。

（2）结果定向主义的外在影响。结果定向主义（result - selectivism）❶ 是指在涉外案件的法律适用问题上，法官应当以一定的判决结果为目的进行法律选择。美国学者西蒙尼德斯对结果定向主义进行过精准的定义，他认为结果定向主义旨在追求一定的实体结果，并将此结果视为第一需要。[38]结果定向主义是美国"冲突法革命"的基石之一，几乎在美国"冲突法革命"产生的各个理论学说中都可以找到其影子。卡弗斯提出的"优先选择理论"就是将准据法的选择与结果定向主义融合的尝试，将案件的结果作为准据法选择时的重要考量依据。莱弗拉尔所提出的"比较好的法"也有结果定向主义的影子，他认为法官通常会依据一个期望的结果进行法律选择。相比卡弗斯和莱弗拉尔，温特劳布（Russel J. Weintraub）对结果定向主义的支持更加坚定，他在《专注于结果的法律选择方法》一文中提出了基于结果的法律选择方法（Consequence - based Approach），认为基于结果的法律选择方法是最佳选择，能够使司法判决结果协调不同州的冲突政策，并可以清晰地解释案件的结果。[39]结果定向主义反映出对于法律选择实质正义的关注，但由于与大陆法系传统法律选择方法相抵触，若要用结果定向主义取代僵化的连结因素，必然会损害冲突规范本身的确定性。[13]因此，大陆法系更多地是借鉴吸收结果定向主义

---

❶ 结果定向主义也被称为结果选择主义或者结果导向主义（result - orientivism）。

追求实现实质正义的理念,将对于实质正义的追求融入冲突规则中,并最终形成了结果定向规则,这一类型的规则在国际条约中也有若干体现。

2.1.4 我国"有利于"类型冲突规范的特点

相较于其他类型的冲突规范,"有利于"类型冲突规范的特点包括:

(1) 冲突规范结构上的特殊性。"有利于"类型冲突规范在结构上可以被看作一种无条件选择适用的冲突规范,在立法中通过预设连结点的方式让法官于裁判时在一定范围内进行案件准据法的选择。"有利于"类型冲突规范所采用的基本结构为:一是定义法条所规范的法律关系;二是设立连结点;三是设立"有利于"条款。以《法律适用法》第29条为例:首先定义该条款所调整的法律关系为扶养关系,其次设立一方当事人经常居所地、国籍和主要财产所在地三个法定连结点,最后明确保护弱者利益是本条的立法原则与目的。第29条和第30条从结构上看是一种典型的"有利于"类型冲突规范,在连结点的选取上具有无条件性,但同时具有明确的立法价值取向,即倾向于保护弱者利益;而第25条则是一种有条件的选择性冲突规范,只有当双方当事人不存在共同经常居所地时,法官才可进一步适用其中的"有利于条款"。

(2) 立法的价值导向性。"有利于"类型冲突规范明确的价值导向性使其并非典型意义上的无条件选择适用的冲突规范。典型的无条件选择适用的冲突规范在连结点选取上保持中立,不具有立法倾向,而这种中立性显然不能满足弱者利益保护原则的价值导向性,因此《法律适用法》引入了"有利于条款",以保证在规则中立的同时满足立法趋于保护相对弱者利益的价值追求。从司法实践的角度看,"有利于"类型冲突规范的适用难度高于无条件选择适用的冲突规范,法官在寻找准据法时不仅要满足法定连结点的要求,而且要满足保护弱者权益的立法价值追求。这就要求法官在适用"有利于"类型冲突规范时首先识别《法律适用法》的立法意图,在此基础上从法定连结点所指向的法律中选取符合立法规定的准据法。就立法意图而言,《法律适用法》明确以立法价值的倾向引导法官作出确定准据法的判断。《法律适用法》这样的规定并没有延续原《民法通则》在涉外亲属关系中适用最密切联系原则的做法,而是更为直接地表达了其对弱者利益保护的意图。此外,与《法律适用法》在消费者保护、产品责任以及劳动者保护领域采用间接的保护方式相比,"有利于"类型冲突规范在保护弱者利益的立法意图和方式上更为明显。[40]

(3) 突出法律选择的合目的性。法律不应是社会目的本身,而应是达致社会目的的手段。因此,对法律的审视应从其目的和效果入手,并围绕两者及其相互间的关系展开评价。[41]"有利于"类型冲突规范具有突出法律选择合目的性的特征,是受美国现实主义法学理念影响的体现。实际上,美国现实主义法学在"冲突法革命"中一直强调法律具有实现既定社会目的的功能。为了使法律成为进行社会调控、实现社会目的的重要工具,美国现实主义法学认为可以通过对现实经验的归纳将法律规则予以细化,使其更加具体和客观。此外,美国现实主义法学还主张从司法行为的视角,将价值判断与政策分析等方法贯穿于法律选择过程中,以实现立法所期望的社会目的。显然,"有利于"类型冲突规范就是在这种理念的影响下诞生的。其强调"有利于保护弱者权益的法"就是试图在分析当事人以及社会环境等各种利益的基础上进行法律选择。[42]换言之,从涉外民事裁判的角度看,"有利于"类型冲突规范的适用过程应当是法官结合个案具体情况,通过分析当事人之间的各种利益关系来确定准据法,而不应是机械地通过演绎推理的方式确定。在美国现实主义法学看来,法官在法律选择过程中应摆脱形式主义的束缚,从法律选择的合目的性角度出发,将法律视为实现社会政策的工具。以此看来,"有利于"类型冲突规范所追求的合目的性与美国现实主义法学的精神是一致的。

(4)法律适用上的特殊性。"有利于"类型冲突规范司法适用的首要特征体现为其选法逻辑特殊。有学者认为,"有利于"类型冲突规范是美国现实主义法学"最好的法"的翻版,在适用上需要首先查明各连结点所指向的实体法内容,然后依据这些实体法分别对案件进行预判,进而确定哪一个实体法对于保护弱者一方权益更为"有利"。这样做不仅增加了法院查明外国法的困难,而且需要法官去理解和比较不同国家的实体法。另外,这样的立法看似是在追求法官对于个案审理的绝对"正义",但同时也会降低司法效率,进而阻碍法官及时地解决争议并作出裁判。[7]这种观点显然误读了"有利于"类型冲突规范的立法本意,也忽视了其在法律选择逻辑上的倒置特点。通常来讲,法官在找寻准据法时首先需要对案件类型进行识别,其次要在立法中确定相应的冲突规范,再次通过对连结点进行判断进而确定准据法,最后对准据法的实体规则进行查明。[43]可见,传统法律选择方法是一种正向思维逻辑,沿着"法律关系—冲突规范—连结点—准据法"的适用路线进行法律选择。而"有利于"类型冲突规范与传统法律选择方法在适用逻辑上存在一定的倒置差别,需要首先确定案件的可欲后果,进而选取适合的准据法。具体言之,"有利于"类型冲突规范应当遵循"识别案件类型—确定冲突规范—确定裁判后果与判断连结点—确定准据法—查明外国法（如外国法为准据法时）"的逻辑顺序。从两者逻辑不难看出，"有利于"类型冲突规范首先需要确定裁判所要追求的后果，法官只有沿着后果的方向进行准据法选择，才能找寻符合立法价值的准据法，即能够实现对弱者权益进行倾向性保护的实体法。

（5）着重运用比较方法。"有利于"类型冲突规范在司法适用上具有着重比较的特点。从程序性的角度来讲，"有利于"类型冲突规范作为一种无条件选择适用的冲突规范，在立法中包含多个连结点，法官在适用时就需要在多个连结点所指向的法律中选取有利于弱者利益保护的法律。从实质性的角度来讲，"有利于"类型冲突规范体现着《法律适用法》突破传统国际私法追求"程序正义"的理念，转而在寻找同时实现"程序正义"与"实质正义"的一个平衡。法官在确定准据法时不再是一味机械地进行"由连结点到准据法"的适用过程，而是将案件的实质后果纳入准据法确定的考量过程之中，这就使得法官在确定准据法时无法避免地要进行法律的比较。本书认为，"有利于条款"的比较并不是对不同连结点所指向的法律进行的直接比较，因为存在价值的不可通约性，不同的法律之间很难进行所谓的好坏之分的比较；也并非一些学者所认为的是在比较适用不同法律后得出的判决结果，[7]而应当是比较适用不同法律后可能产生的后果，或者说社会后果。

2.2 "有利于"类型冲突规范在我国司法实践中的适用情况

重新审视实践案例是进行司法方法研究的重要手段，本书通过定向选取方法，以裁判文书的法律依据中包含"有利于"类型冲突规范为条件❶,以《法律适用法》颁布至 2020 年 12 月 31 日为时间区间,在中国裁判文书网、北大法宝、无讼网以及其他互联网的公开资源中收集整理了 54 件❷适用"有利于"类型冲突规范的司法案例。

2.2.1 关于"有利于"类型冲突规范适用分布的统计分析

适用"有利于"类型冲突规范的涉外民事案件,指适用《法律适用法》第 25 条、第 29 条以及第 30 条的案件,以各条款适用情况为标准进行统计,如图 2-1 所示,在已收集的 54 件案例中,适用第 25 条的案例共 32 件、适用第 29 条的案例共 13 件、适用第 30 条的案例共 15 件。其中,有 5 个案例适用了两条或以上"有利于"类型冲突规范。

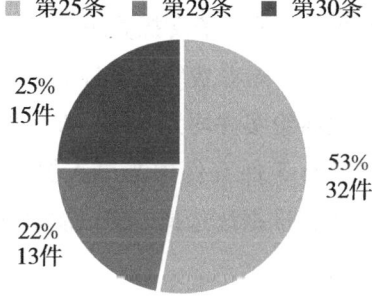

图 2-1 司法实践案例中适用"有利于"类型冲突规范统计

---

❶ 本书在进行选取时,主要是通过"全文搜索"中限定关键词《法律适用法》第二十五条"《法律适用法》第二十九条",以及《法律适用法》第三十条"的方法进行,同时辅以添加"涉外父母子女关系""涉外父母子女财产关系""涉外抚养""涉外监护""涉外扶养"等关键词。

❷ 其中有部分案件可能同时适用 2 条或 3 条"有利于"类型冲突规范,如(2014)穗云法江民初字第 563 号。为了更加直观地反映统计数据以及统计便利,本书将在下文统计中对同一件案件进行重复统计。

在这些案件中，多数所涉及的法律关系为第 25 条所调整的"父母子女人身、财产关系"。其中的原因主要是在这三个法条所调整的法律关系中，第 25 条所调整的"父母子女人身、财产关系"涵盖的范围大于第 29 条和第 30 条所调整的"扶养关系"以及"监护关系"，存在一定程度上的竞合关系。如海南省高级人民法院 2012 年审理的符某与甘某 1 同居关系纠纷上诉案[1]，海南省高级人民法院在进行准据法选择的同时适用了《法律适用法》第 25 条、第 29 条以及第 30 条等共计 7 条条款，如上所述，相似重叠适用"有利于"类型冲突规范的案件共有 5 件。司法实践中存在的重叠适用"有利于"类型冲突规范的情形也反映出法官在适用该规范时存在认识和方法上的错误。

另据本书统计，在已收集的案例中所涉及的法律纠纷一共有 8 种，其中涉外抚养纠纷案件数量最多，共有 13 件；其次是涉外扶养费纠纷案件、涉外同居关系子女抚养纠纷案件、涉外监护权纠纷案件，均为 8 件；涉外赡养费纠纷案件共 4 件；涉外离婚纠纷案件和涉外婚姻家庭纠纷案件均为 3 件；涉外探望权纠纷案件为 2 件。除此之外，还有 5 件案件中当事人提出应当适用"有利于"类型冲突规范进行准据法选择，但法院最终并未采纳当事人意见。[2]

2.2.2　关于案件准据法的统计分析

以案件涉及的法律进行分类统计，如图 2-2 所示，有 92% 的案件在判决书中列明了其所指向的法律，此处涉及的法律为案件

---

[1] 海南省高级人民法院民事判决书，(2012) 琼民三终字第 41 号。
[2] 如在 (2016) 粤 06 民终 655 号、(2016) 粤 0307 民初 9851 号以及 (2016) 沪 01 民终 2237 号等案件中，当事人均主张应当适用"有利于"条款确定准据法，但法院均未采纳当事人的意见。

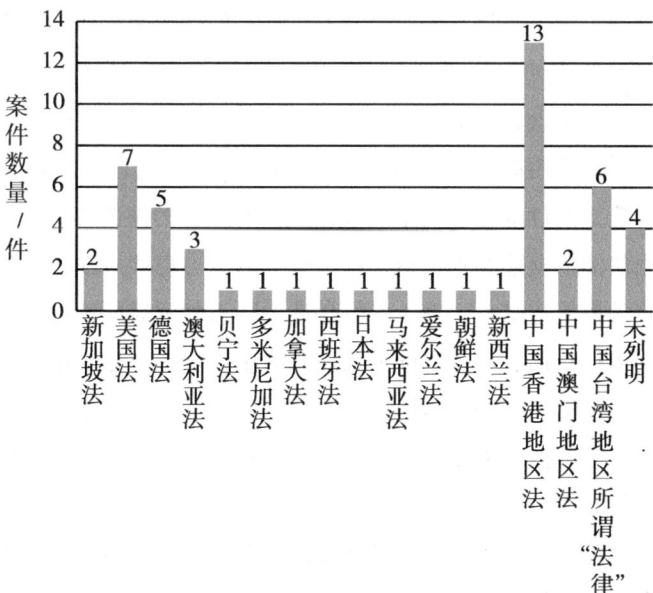

图 2-2 司法实践案例中涉及实体法统计

中连结点所指向的实体法。整体来看,已列明的共涉及 16 个国家和地区的法律,分别为新加坡法、美国法、德国法、澳大利亚法、贝宁法、多米尼加法、加拿大法、西班牙法、日本法、马来西亚法、爱尔兰法、朝鲜法、新西兰法、中国香港地区法、中国澳门地区法以及中国台湾地区所谓"法律"。其中,以单一国家和地区法律进行区分,涉及中国香港地区法律的案件最多,共有 13 件,其次为涉及美国法律、中国台湾地区所谓"法律"、德国法律的案件,分别为 7 件、6 件和 5 件。此外,还有 4 件案例未列明除中国法以外的其他法律。

以司法实践中法律选择依据的连结因素进行统计分析,如表 2-1 中列明(部分案件在两个或两个以上连结因素中同时选取,故存在总数超过第 33 页分条款的统计数据的情况),在适用《法律适用法》第 25 条的案件中,有 3 件案件选取共同经常居所地作为确定案件准据法的依据；有3件案件选取国籍作为确定准据法的依据连结点；有13件案件选取一方经常居所地作为确定准据法的依据连结点；有15件案件无法从判决中看出法律选择依据的连结点。在适用第29条的案件中，有2件案件选取一方经常居所地作为确定案件准据法的依据连结点；有5件案件选取国籍作为确定准据法的依据连结点；有1件案件选取一方财产所在地作为确定准据法的依据连结点；有1件案件选取弱者经常居所地作为确定准据法的依据；还有5件案件无法从判决中看出法律选择依据的连结点。在适用第30条的案件中，有4件案件选取一方经常居所地作为确定案件准据法的依据连结点；有1件案件选取国籍作为确定准据法的依据连结点；有4件案件选取弱者经常居所地作为确定案件准据法的依据连结点；有3件案件选取共同经常居所地作为确定案件准据法的依据；有4件案件无法从判决书中看出法律选择依据的连结点。值得注意的是，在"有利于"类型冲突规范中并未规定弱者经常居所地这个连结点，但经过统计后发现不少案件中法官都是将其作为指向案件准据法的连结因素。

表2-1 司法实践案例中法律选择依据的连结因素

单位：件

法律选择依据的连结因素	第25条	第29条	第30条
共同经常居所地	3	—	3
一方经常居所地	13	2	4
国籍	3	5	1
一方主要财产所在地	—	1	—
弱者经常居所地	—	1	4
无法判断选取的连结因素	15	5	4

如图2-3所示,在已收集的54个司法实践案例中,无一例外地适用了我国实体法律。所有案件均为诉至我国法院并进行审理的涉外民事案件,所以反映出"有利于"类型冲突规范在司法实践中所表现出的极强的法院地法偏好。

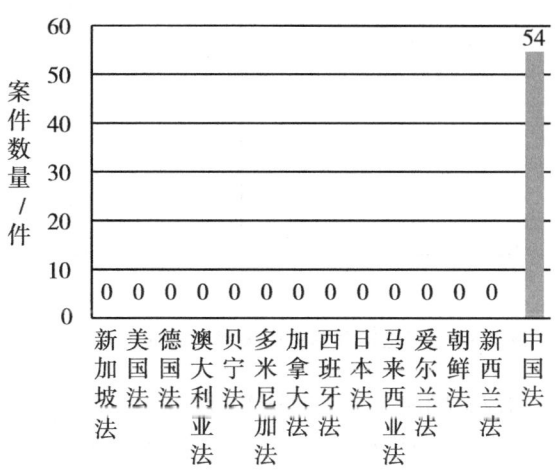

图2-3 司法实践案例选取准据法统计

2.2.3 关于案件采用利益分析方法的统计分析

以法官在审理中是否采用利益分析方法为标准,可将司法实践案例分为两大类,如图2-4所示,一类是法官在准据法选择的说理部分将利益分析的情况进行解释的案例;另一类是不能看出法官在进行准据法选择时是否进行了当事人双方的利益衡量,在这种类型的案件中,无法看出法官是否基于实现弱者利益保护的立法目的进行裁判。

在第一类案件中,可以看出法官在判决中对案件当事人以及弱者一方的利益进行了综合考量。如重庆市九龙坡区人民法院2015年

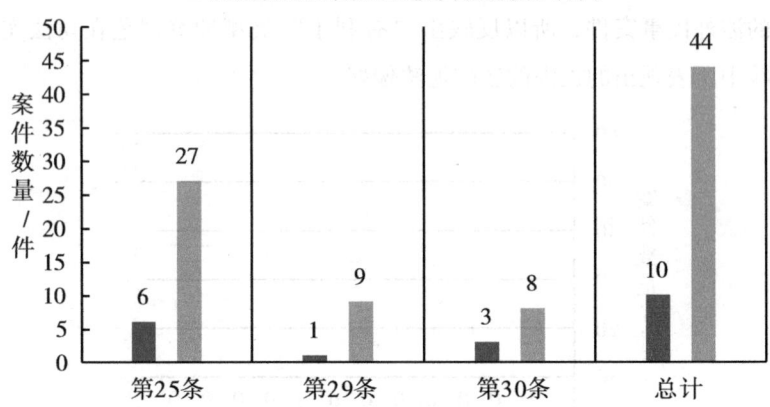

图 2-4 司法实践案例中采用利益分析方法统计

审理的廖某与成某同居关系子女抚养纠纷案❶,在该案中,法官在进行利益考量时首先确认了非婚生子女与婚生子女的同等权利地位,认为无论子女是否为婚内生育,在法律上都应当视为等同,享有同等的权利。因此,不直接抚养子女的父母直到子女能够独立生活前都应当负担子女的教育费与生活费,法官最终就双方当事人对于抚养子女的意愿进行了确认。

与第一类案件相反,在共计44件的第二类案件中均无法从准据法的选择依据中看出法官是否进行利益衡量,占比达到全部案件的81%。

2.2.4 关于案件是否进行法律论证的统计分析

在已收集的案例中,依据法官在进行准据法选择时是否进行论证,可将案件分为5大类,如图2-5所示,分别为法官未进行

---

❶ 重庆市九龙坡区人民法院民事判决书,(2015) 九法少民初字第00067号。

法律论证、法官通过列举客观连结点的方式进行法律论证、法官通过对比不同客观连结点所指向的实体法的方式进行法律论证、法官依据最密切联系原则进行法律论证,以及法官从"有利于条款"的角度进行法律论证。

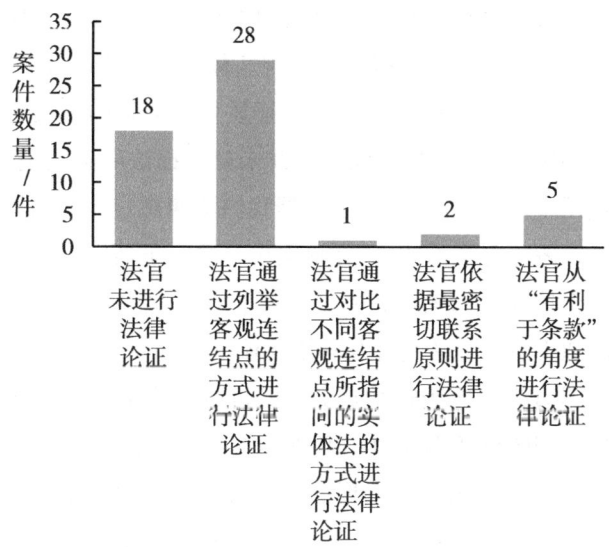

图2-5 案例采用利益分析统计

具体来看,法官未进行法律论证的案件共计18件,主要包含3种情形:一是法官在判决书中仅列出相关法条,然后直接确定准据法。比如在2014年广东省江门市新会区人民法院审理的黎某某与林某某同居关系子女抚养纠纷案❶中,在准据法的选择依据部分法官如此表述:"参照《法律适用法》第二十五条的规定……本案适用中华人民共和国内地法律调整。"很显然,从法官给出的裁判依据中无法看出其在进行法律选择时所遵循的方法与逻辑,这属

---

❶ 广东省江门市新会区人民法院民事判决书,(2014)江新法民四初字第88号。

于典型的缺乏"有利于"论证的情形。二是未在案件判决书中就准据法选择进行论证，仅将"有利于"类型冲突规范列入裁判依据部分作为判决的法律依据。这种现象也较常发生，如（2014）杭西民特字第 16、第 17 号案件❶等。当这种缺乏释法说理的情况发生时，法官难以在法律适用过程中保证法律选择的程序正义与实质正义的实现。三是直接适用中国实体法的规定。如在 2013 年由上海市闵行区人民法院审理的陈某某与曲某某同居关系子女抚养纠纷案❷中，法官在释法说理中并未就准据法的确定进行论证，而直接适用中国实体法规定："根据我国法律规定……两周岁以下的子女，一般随母亲生活。"在该案中，法官虽然在判决书中的后续部分从保护弱者的角度进行了说理，但是这种越过法律选择程序的做法似乎有悖立法精神与立法要求。

  法官通过列举客观连结点的方式进行法律论证的案件共有 29 件，比较典型的论证方式为"列举法条 + 选取连结点"。如在 2014 年由福建省高级人民法院审理的马某与拜仁·某抚养纠纷案❸中，法官依据《法律适用法》第 29 条的规定选择我国法律作为准据法，但在该条款中并未将当事人共同经常居所地作为可选连结点，因此法官在本案中以双方当事人经常居所地均在中国为由选取中国实体法为准据法显然存在适用方法不当的情形。

  此外，法官通过对比不同客观连结点所指向的实体法的方式进行法律论证的案件只有 1 件，比较典型的论证方式为采用比较的方法对比不同实体法规定或可能得出的判决结果，进而确定案件

---

❶ 两个案件均为浙江省杭州市西湖区人民法院所审理，为申请宣告公民无民事行为能力的案件。在这两个案件中，被申请人分别为患有阿尔茨海默病的年迈父亲与患有痴呆症的年迈母亲。
❷ 上海市闵行区人民法院民事判决书，（2013）闵少民初字第 104 号。
❸ 福建省高级人民法院民事判决书，（2014）闽民申字第 1223 号。

准据法。如广东省中山市中级人民法院 2011 年审理的李某等诉区某深抚养费案❶，在该案中，法官将原《婚姻法》、《最高人民法院关于人民法院审理离婚案件处理子女抚养问题的若干具体意见》（以下简称《子女抚养问题具体意见》）以及香港特别行政区《未成年人监护条例》的立法规定进行比较，进而得出实体法规定基本一致的结论并确定准据法。

法官依据最密切联系原则进行法律论证的案件共有 2 件，分别为广东省珠海市中级人民法院分别于 2016 年和 2019 年审理的纪某甲与纪某乙抚养费纠纷案❷和纪某 2、纪某 1 抚养费纠纷案❸。这两起案件均为二审案件，珠海市中级人民法院均支持了一审法院同时适用"有利于条款"和最密切联系原则确定案件准据法的做法。这种同时适用的做法显然存在不当适用的问题。

法官从"有利于条款"的角度进行法律论证的案件共有 5 件，判断的标准为法官在论证中是否进行有利于弱者的考量。如上海市闵行区人民法院于 2015 年审理的申请人胡某某与被申请人余某某申请撤销监护人资格案❹，该案法官从郑甲（被监护人、弱者）的经常住所地以及监护人（外祖父母）的监护意愿两个方面进行分析，认为从有利于郑甲身心健康及成长的角度看，选择一方（外祖父母）经常居所地法作为准据法更有利于保护郑甲的权益。又如开平市人民法院 2015 年审理的陈某琴与甄某卫同居关系子女抚养纠纷案❺，在该案中，开平市人民法院从有利于被抚养人权益的角度出发，认为原、被告均未与被抚养人共同生活，且被抚养

---

❶ 广东省中山市中级人民法院民事判决书，(2011) 中中法民一终字第 776 号。
❷ 广东省珠海市中级人民法院民事判决书，(2016) 粤 04 民终 470 号。
❸ 广东省珠海市中级人民法院民事判决书，(2019) 粤 04 民终 866 号。
❹ 上海市闵行区人民法院民事判决书，(2015) 闵民一（民）特字第 39 号。
❺ 广东省开平市人民法院民事判决书，(2015) 江开法民四初字第 391 号。

人长期生活在中国境内，因此选择中国实体法作为本案的准据法更有利于保护弱者利益。

2.3 "有利于"类型冲突规范司法实践中存在的问题

《法律适用法》颁布已有十多年，从司法实践中出现的案例统计来看，"有利于"类型冲突规范已被法官广泛适用于涉外婚姻家庭领域的案件中，但法官在适用时仍存在一些问题，需要从理论和实践中进一步梳理。总的来讲，主要存在规避"有利于条款"、弱化选法推理逻辑，以及忽视文书释法说理这三个方面的问题。

2.3.1 规避"有利于条款"

通过前文司法实践统计分析可知，"有利于"类型冲突规范在司法实践中最终以法院地法作为准据法的案件比例之高，一定程度上导致司法实践中出现事实上忽略了其他连结点或"有利于条款"的尴尬情形。例如，在杭州市西湖区人民法院2015年审理的林某甲与林某乙抚养费纠纷案❶中，西湖区人民法院援引《法律适用法》第29条的规定，依据双方的共同国籍确定应适用的准据法。从判决中看，法官并未实际适用"有利于条款"，而是依据连结点径直确定了案件准据法，形成了事实上对于"有利于条款"的抛弃。类似的案件还有很多，究其原因，本书认为主要有两方面，一方面，积极选择法院地法并非"有利于"类型冲突规范的独有特性，在世界范围内法官优先选择法院地法已然成为一个不争的事实。据学者统计，在1000件涉外民商事案件中，适用我国法（即法院地法）的案件达到869件，几乎占全部案件的87%。[44] 同样的情况也发生在其他国家，如西蒙尼德斯教授通过研究发现美国部分州法院在审理涉外侵权案件时往往以法院地法

---

❶ 杭州市西湖区人民法院民事判决书，（2015）杭西民初字第2496号。

(Lex Fori）作为法律适用的主要依据。[45]另一方面，直截了当地适用法院地法一定程度上可以体现出法官规避适用"有利于条款"的刻意。在绝大多数情况下，法官对法院地法的了解与掌握程度显然要高于外国法，因此选取法院地法对法官来讲也许是最保险的选择，既省去了查明与适用外国法的繁复过程，又可以适用自己熟悉的法律，由此便造成了法官在适用"有利于"类型冲突规范时的"恋家情结"。或许从法官的角度讲，适用法院地法更有利于裁判操作，但这种无理由选取法院地法的做法显然与《法律适用法》引入"有利于"类型冲突规范的立法目的与精神相悖，使立法中规定的其他连结点意义全无，丧失了"有利于条款"在保护弱者利益时的包容性与广泛性。

2.3.2 弱化选法推理逻辑

裁判的过程需要法律的指引，同时也需要法官运用自己的法律知识与实践经验，结合立法规定对案情进行逻辑推理。究其根本，法律推理的过程就是法官在给定事实和规范的前提下，对未知知识进行思辨、判断的过程。[46]实践中，多数情况下法官在适用"有利于"类型的冲突规范时都弱化了选法的逻辑推理过程。在审判时，法官进行逻辑推理的过程实际上也是为裁判结果提供依据的过程，是法律适用正当化辩论过程中的重点环节。我国法院在进行司法裁判时通常采用演绎推理的论证逻辑，逻辑缜密的论证过程是获得公平、公正的裁判结果的必要前提。法官在案件的审理中应当以实现裁判的实践理性为目标，运用逻辑推理的方式论证裁判的正当性与合理性。[47]然而，实践中法官在适用"有利于"类型的冲突规范时并未对准据法的选择进行必要的逻辑推理与法律论证。从前文的统计分析中可以看出，在我国司法实践中，有相当数量的案件从裁判文书中难以看出法院的逻辑推理过程，如在 2014 年由广东省梅县人民法院审理的杨某玉与 AMI 离婚纠纷一案❶的裁判文书中，广东省梅县人民法院并未阐述关于法律选择的逻辑推理过程，取而代之的是在法律依据中简单地列明该案的判决依据是《法律适用法》中的"有利于条款"。法院也未在该案裁判文书的其他部分对"有利于条款"的适用逻辑进行论述，这是一种很典型的弱化（甚至可以认为是忽视）选法推理逻辑的表现。

2.3.3 忽视文书释法说理

最高人民法院对裁判文书的释法说理提出要求，只有将判决结论的形成过程与正当性理由予以阐明，才能实现提高裁判的可接受性的目标，进而将司法裁判的法律效果与社会效果有机地统一起来。❷ 司法裁判的任务在于定分止争，与其他纠纷解决机制相比，司法裁判最核心的特点便是其解决纠纷的过程的公正性。司法裁判的过程也是法律推理或法律论证的过程，所谓推理或论证，简单地说，就是举出理由支持某种主张或得出某种判断。[48] 进一步讲，法律推理或论证便是以法律规定的规范性理由和具体案情的事实性理由支撑最终判决的过程。然而，司法实践中，法官在适用"有利于"类型冲突规范时却表现出对于这一推理或论证过程解释和说明得不充分。总体来看，对于"有利于"类型冲突规范释法说理不充分的表现形式有 3 种，分别是不释不说、释而不说以及释法说理不充分。所谓不释不说，即法官未论证准据法的选择过程，直接适用某一国实体法对案件进行裁判，比如在（2014）杭西民特字第 16 号案中，法官未就准据法的选择进行释法说理，

---

❶ 广东省梅县人民法院民事判决书，（2014）梅县法民一初字第 169 号。
❷ 参见最高人民法院：《关于加强和规范裁判文书释法说理的指导意见》，法发〔2018〕10 号，2018 年 6 月 1 日。

而是仅将该案适用的《法律适用法》第 30 条列入裁判依据部分。所谓释而不说，是指法官在准据法选择的论证部分只对相关法条的规定进行了援引，并未对选择准据法的具体法律论证过程进行说明。这也导致从判决书中很难看出法官在进行法律选择时适用"有利于"类型冲突规范的逻辑，在一定程度上降低了判决结果的可接受性。如在（2016）川 0121 民初 381 号案中，法官在论证准据法选择时首先识别该案属于涉外民事关系案件，随后指出该案应当依据《法律适用法》第 25 条之规定进行裁判，而后在没有任何进一步说理的情况下径直得出应当适用中国实体法的结论，显然忽视了释法说理的过程。所谓释法说理不充分，是指法官在论证法律选择时虽然进行了释法说理，但未能充分体现出"有利于条款"的判断过程或依据。如在 2018 年由佛山市中级人民法院审理的 R 抚养费纠纷案❶中，法官在进行释法说理时认为适用中国法有利于保护被抚养人 R 的利益，但并未阐明他的判断过程，只是阐明作出这一判断的理由是被抚养人 R 的经常住所地在中国上海市，这一做法显然无法满足判决可接受性的要求。

"有利于"类型冲突规范调整的比较多的是婚姻家庭领域的涉外案件。与其他领域不同，婚姻家庭领域基于亲情的权责使其很难通过简单的"法条 + 事实 = 判决结果"的模式让当事人对判决产生认可，这也是适用"有利于"类型冲突规范的案件中二审案件比例较高的原因。当事人在一定程度上恰恰需要的是法官给出一个相较于法理而更符合情理的判决结果，因此对法官释法说理就有更高的要求。只有当法官对判决的形成过程进行了充分的论证，才能说明其尽到了维护法律正义的责任。[49]

---

❶ 广东省佛山市中级人民法院民事判决书，（2018）粤 06 民终第 2839 号。

2.4 "有利于"类型冲突规范司法实践产生问题的原因

"有利于"类型冲突规范在司法实践中存在规避"有利于条款"、弱化选法逻辑以及忽视文书释法说理的问题,这些问题产生的原因主要有三点:一是对于"有利于保护弱者权益的法"存在认识错误;二是没有理顺法律适用中两种不同适用模式之间的紧张关系;三是忽视了法律选择的正当化过程。

2.4.1 对于"有利于保护弱者权益的法"存在认识错误

在国际私法领域,贯彻弱者利益保护原则是"有利于"类型冲突规范的一大特点,同时,通过适用"有利于保护弱者权益的法"来实现对弱者利益的保护也是其根本目的。然而对于如何确定"有利于保护弱者权益的法",立法规定中的"有利于"到底是比较不同的法律,还是比较适用不同法律得出的判决结果,抑或是比较适用不同法律得出的社会后果,我国《法律适用法》以及《最高人民法院关于适用〈中华人民共和国涉外民事关系法律适用法〉若干问题的解释(一)》中都未给出答案。对于如何适用"有利于条款",目前我国学者的看法不一,虽然都主张通过比较的方法来确定"有利于保护弱者权益的法",但一些学者主张将比较的内容聚焦在不同国家的实体法上,另一些学者则认为比较的内容应当是适用不同国家实体法所得出的判决结果。但是,这两种方法都存在难以操作的问题,司法实践中法官常常绕开"有利于条款",从而导致其遭遇"司法规避"的情况。本书认为,"司法规避"现象反映出当前我国学者在认识"有利于保护弱者权益的法"上受美国学者所提出的"比较好的法"的影响较大,都试图通过比较的方式来实现弱者利益保护的立法目的。但正如有些学者所指出的那样,这种方法本身存在难以克服的弊端,其结果常常导致法院地法的滥用。

本书认为，要解决"有利于条款"遭遇"司法规避"的问题，我们应当采用法社会学解释方法来解读"有利于保护弱者权益的法"。从法社会学解释方法来看，《法律适用法》引入"有利于保护弱者权益的法"的目的就是通过"有利于条款"的适用，实现弱者利益保护的社会效果而非法律效果。法律效果是指法官将法律规则适用于案件事实后得出的法律后果，而社会效果则是指案件判决生效后对社会产生的实质影响。法律效果仅限定在法律领域之中，而社会效果则反映出判决在包括政治、经济等各个社会领域中的影响。不同于法律说或结果说单纯追求法律效果的做法，"有利于保护弱者权益的法"的法社会学解释方法追求的是实现弱者利益保护的社会效果。不同于法律说或结果说的操作方法，"有利于保护弱者权益的法"的法社会学解释方法要求法官在选法时主要采用后果主义推理来确定"有利于保护弱者权益的法"。

2.4.2 没有理顺法律适用中两种不同适用模式之间的紧张关系

如前所述，目前之所以存在理论与司法实践脱节的现象，是因为在如何适用"有利于"类型冲突规范这个问题上两者并未达成一致。一方面，学者的看法，无论是"法律说"还是"结果说"都主张通过比较实体法或比较实体法适用的结果的方式来确定"有利于保护弱者权益的法"；另一方面，司法实践中大多数判例要么只列出引用的冲突规范，要么只列出相应的客观连结点，存在大量"司法规避"的现象。那么，究竟为什么会出现这样一种情况？本书认为，主要是因为人们忽略了在如何适用"有利于"类型冲突规范这一问题上实际上隐含着两种不同的法律适用模式：一种是形式主义适用模式，认为"有利于"类型冲突规范的适用过程就是一个演绎推理过程,即"事实+冲突规范=准据法"的正向推理过程。司法实践中法官主要采用的就是这种模式,认为只要援引了相应的冲突规范,就可以保证法律选择的结果有利于保护弱者权益。另一种是实质主义适用模式,即学者所主张的应通过比较的方法在实体法之间或在适用实体法所得的判决结果之间进行法律选择,这种模式代表了一种美国现实主义法律适用观,认为"有利于"类型冲突规范的适用过程实际上是一种后果主义推理过程,这是一个与演绎推理方向相反的逆向推理过程。持该观点的学者认为,仅仅通过援引冲突规范的演绎推理无法保证判决结果有利于保护弱者利益。所以,要摆脱目前理论与实践脱节的现象,关键问题就是妥善地解决"有利于"类型冲突规范适用中两种不同适用模式之间的紧张关系。从《法律适用法》的立法来看,采用"有利于"类型冲突规范是试图将两种不同的适用模式融合起来。传统国际私法致力于追求判决结果的一致性,而美国现实主义法学则追求判决结果的合理性。那么,我们究竟该如何处理两种不同适用模式之间的关系呢?以宏观的视角审视,当代国际私法的一个重要发展趋势即在法律适用中将法律选择的形式正义和实质正义融合统一。因此,就"有利于"类型冲突规范的法律适用而言,我们应当将这一过程划分为两个层面,一是按照传统方法通过正向推理的找法过程,二是采用后果主义方法通过逆向推理进行法律选择的正当化过程。应当明确的是,这两种方法共存于同一法律适用过程中,并非非此即彼的关系,而是有机地统一在一起,共同作用以实现法律选择的形式正义和实质正义的目标。这样就可以弥合理论与司法实践存在的缝隙,为我们摆脱两者相脱节的窘境找到出路。

2.4.3 忽视了法律选择的正当化过程

当前在"有利于"类型冲突规范的适用过程中，法官不说理或说理不充分的情况还是比较严重的，这说明法官还没有清楚地意识到在"有利于"类型冲突规范的适用中自己所应承担的释法说理义务。从法律论证的角度看，"有利于"类型冲突规范的适用实际上包含"发现的过程"与"证立的过程"两个层次。"发现的过程"也是一个"找法的过程"，是指法官进行法律选择，得出法律判断或结论的过程；"证立的过程"是指法官在作出判断后，通过一定的方法去验证其正确性进而得出最终结论的过程，也是一个正当化法律判断的过程。两者在法律适用中并非无法共融，而应当能够有机地统一于一个过程中。在我国的司法实践中，法官通常的做法就是列出所援引的冲突规范，似乎这样就满足了司法三段论推理的形式要求，保证了判决结果的合法性。然而，形式逻辑规则并不能必然保证法律适用的客观性。以实质正义为衡量标准，司法三段论只能保证法的"发现"过程的正当性，而很难确保法的"证立"过程的实质正义和可接受性。同时，司法三段论一味追求规则性使其缺乏对小前提本身可能存在差异性的充分考量，比如同样的案件事实在不同法域中的法律性质或地位并非绝对等同，理解和认识上的差异就会导致形式逻辑推理出不同的结果。另外，由于"有利于"类型冲突规范具有开放性的结构，法官在"有利于"的判断上不仅要考虑客观因素，同时还要考量结果的合理性和可接受性。而在这一过程中，法官到底要如何判断得出结论，就只能通过论辩的方式去找寻能够正当化其观点或依据的结论，因此这种说理活动具有论辩与对话的特点。在"有利于"类型冲突规范的适用中，法官不能仅以完成找法的过程就自认为完成了司法任务，其还须承担论证说理的义务。法官在具体个案说理时,应从"有利于保护弱者权益的可欲后果"出发,论证其法律选择的实质性理由。应当注意,"有利于"类型冲突规范中的论证是一种合目的性和可接受性论证,一方面,法官要围绕在法律选择中实现弱者利益保护这一立法目的展开论证说理;另一方面,其要在此基础上考量法律选择的可接受性。也就是说,只有经过缜密的合理性与合法性论证,才能最终实现法律选择的可接受性。由此可见,实践中法官的法律选择行为并非一蹴而就,也并非援引了相关的法条就可以了,其还必须承担相应的论证义务。就司法现状而言,法官应转变观念,强化"有利于"类型冲突规范的后果主义论证过程,将"有利于"的判断过程予以公开,以证明其法律选择的合理性和可接受性。

2.5 小结

"有利于"类型冲突规范结构上的特殊性与立法的目的性赋予了其相较于传统法律选择方法更为灵活的姿态,从立法上对只注重形式正义的传统法律选择方法进行了修正,让法律选择找到了能够同时实现形式正义与实质正义的可能进路。但与开创性的立法不相匹配的是,立法并未为司法实践适用"有利于"类型冲突规范提供具体适用规则,使得"有利于"类型冲突规范在司法实践中不论是在找法过程还是在证成过程中都面临重重困境,而这些困境都是对"有利于"类型冲突规范的适用模式缺乏清晰的认识所致。

3 "有利于"类型冲突规范适用认识错误的反思

3.1 当前"有利于"类型冲突规范适用方法的主要观点

目前,对于如何适用"有利于"类型冲突规范来确定"有利于保护弱者权益的法",学者的看法不一。本书从不同角度解读了"有利于保护弱者权益的法",比较有代表性的观点有"法律说"和"结果说",但这两种解释方法都存在让人质疑之处。

3.1.1 法律说

目前,在国际私法理论研究中,有些学者从冲突规范的逻辑结构出发,认为"有利于"类型冲突规范由若干客观连结点加"有利于"这样的主观连结点构成,因此"有利于保护弱者权益的法"应当源自客观连结点所指向的某一国家的实体法,即通过在不同实体法之间进行比较以确定"有利于保护弱者权益的法"。由此,他们认为这类冲突规范应是一种比较型冲突规范。实际上,这样的解释也与莱弗拉尔所提出的"比较好的法"的思想相吻合。"比较好的法"的基本思路就是试图抛弃传统形式逻辑的束缚以增强法律选择对实质正义的关注,具体通过比较不同国家的法律,考察这些国家的立法目的和政策,并从中筛选得出准据法。诚如学者所言,"有利于"类型冲突规范体现着冲突规范实体化的趋势,蕴含着比较法思维的特征,以更有利于实现判决的实体正义的结果为判断标准选取准据法,表现出其他冲突规范所不具备的比较法特质。[3]

在具体操作上,持有该观点的学者认为,司法实践中法官需要首先查明客观连结点所指向的不同国家的实体法,并对相关的实体法进行比较和分析,进而最终确定有利于保护弱者一方利益的法律。[50]然而,如果我们把"有利于"类型冲突规范理解为比较型冲突规范,又会产生下列问题:

第一,缺乏实践可操作性。实际上,在《法律适用法》颁布之初,就有学者对比较型冲突规范的立法形式表达过疑问,认为如果将"有利于"类型冲突规范作这种解释,势必会导致法官在司法实践中无论是否最终适用了外国法,都必须首先查明连结点所指向的若干外国实体法,然后比较选出符合立法目的的法律。外国法查明的倒置不禁让人质疑这种立法是否具有实践可操作性?这种立法规定无疑有助于实现冲突规范的实质正义追求,但同时也会给法院的司法适用带来一定的困难,增加了外国法的查明和准确适用的难度,不利于司法任务的简单化。[7]

第二,将"有利于"类型冲突规范理解为比较型冲突规范还会给司法实践带来另外一个难题,即如果是通过比较不同国家的实体法来确定"有利于保护弱者权益的法",那么比较的标准是什么?实践中有没有可供操作的方法?可以想象,如果任由法官依据个人主观判断选法,便会像当下司法实践中那样,绝大部分案件中法官"本能地"会以法院地法作为"有利于保护弱者权益的法"。正如有学者所指出的,这种法律选择的方法可能会遭到一些人的质疑并引发意识形态和文化传统上的争议,因为法律是一种地方性知识,缺乏一个普遍性且客观的判断标准,法官在比较中认为外国实体法优于本国实体法的规定,那么很可能被认为是对司法主权主义的放弃,甚至是对法官裁判职责的放弃。[11]2

第三,从我国已公布的法院判决书看,大多数法院在适用"有利于"类型冲突规范时基本上还是按照传统法律选择方法来选法。❶ 所以要求法院在适用"有利于"类型冲突规范时通过比较不同国家实体法的方法进行选法在实践中是行不通的,这也从侧面解释了这样的选法方法为什么会遭遇"司法规避"的尴尬。

3.1.2 结果说

在理论研究中,有学者认为立法引入"有利于"类型冲突规范的根本目的在于贯彻弱者利益保护原则,具有明显的结果导向性,从这个角度出发应当将其视为一种结果导向型冲突规范。这也是目前多数学者所认同的观点。结果导向型冲突规范根源于美国现实主义法学派所提出的结果选择理论,该理论认为传统国际私法理论通过将法律关系场所化的方式形式化法律选择的过程显然无法实现法律选择的实质正义。不同于传统冲突规范在不同法律体系之间恪守"价值中立",结果导向型冲突规范取而代之对特定判决结果给予更多关注,即更加关注判决结果的合理性的实现。结果导向型冲突规范通过将特定的判决结果预设为确定准据法的标准的方式,将内国对公平、公正以及合理判决结果的理解与价值追求融入法律选择的过程之中,并借助此标准对各法域的实体

---

❶ 参见本书第二章第二节司法实践统计分析部分。也有学者对相关材料进行过统计分析,如张丽珍:《〈法律适用法〉结果选择规则实施考察》,载中国国际私法学会:《新时代中国国际私法的使命——2018年中国国际私法学会年会论文集》,第244、245页。

法和适用结果进行评价。[51]

在具体操作上，法官在运用结果导向型冲突规范时，需要在查明相关法域实体规则的基础上，发挥自由裁量权，通过比较适用不同实体规则得出的结果，进而选出符合冲突规范对判决结果指定的实体法作为准据法。可以看出，与传统的法律选择方法不同，结果导向型冲突规范在适用上从所欲实现的判决结果出发，倒推应该适用的准据法，是一种有别于传统法律选择方法的逆向推理方法。结果导向型冲突规范的本质特征为，它将某种特定判决结果的达成作为找寻和适用准据法的标准，这个特征让其在根本上区别于其他类型的冲突规范。[51]

"结果说"虽然受到多数学者的支持，但这种看法也存在以下几方面的问题：

第一，法官的主观性会导致其判断因价值偏好而受到影响。[51]因此，依结果来判断准据法具有很大的不确定性。在冲突规范的适用问题上，如何进行价值判断一直颇有争议。由于人的主观性因素无法避免，因此在价值判断上不同的人得出的结果可能不尽相同，对于法律问题的判断更是如此，并且若将法律问题纳入价值评价，便会陷入哲学意义上的"明希豪森三重困境"❶。

第二，依结果来判断会导致"有利于"类型冲突规范适用中选法与外国法查明的顺序发生倒置，只有在比较不同国家的实体

---

❶ "明希豪森三重困境"是指假如一个人支持自己结论的理由是另外一个或一套命题，那么这个或这套新的命题就会相应地接受人们的不断追问。这个追问过程将会一直进行下去，直到出现下面三种结果：第一，无穷地递归（无限倒推），以至无法确立任何论证的根基；第二，在相互支持的论点（论据）之间进行循环论证；第三，在某个主观选择的点上断然终止论证过程，如通过宗教信条、政治意识形态或其他方式的"教义"来结束论证的链条。见舒国滢："走出'明希豪森困境'（代译序）"，载［德］罗伯特·阿列克西：《法律论证理论——作为法律证立理论的理性论辩理论》，舒国滢译，中国法制出版社2002年版，第1页。

法之后才能确定准据法。也就是说，法官若想对外国法的适用结果进行比较就不得不先查明外国法，如此一来，法官查明外国法的负担非但没有得到缓解，从司法适用的角度看反而会增加。

第三，结果判断追求的是当事人利益的最优化而不是最大化。如前所述，贯彻弱者利益保护原则是立法引入"有利于"类型冲突规范的根本目的，这一原则强调对弱者利益实现最大化的保护。利益最大化并非追求在所有备选项中进行比较，而是引导我们在备选项中选取一个不差于其他的选项。[52]从立法目的上讲，《法律适用法》这样规定的根本目的是使弱者的利益得到最大化的保护，而非在不同实体法中或是在不同适用结果中选择最"优"的那一个。

总的来讲，"结果说"能够引导判决朝向对弱者利益的最大化保护，这点与"法律说"存在根本不同，无疑更有助于实现法律选择的实质正义。但在具体操作方法上，结果导向型冲突规范和比较型冲突规范都是采用比较的方法，这样难免又会陷入难以操作的困境。

3.2　当前理论遭遇"司法规避"的原因

如前所述，当前"法律说"和"结果说"都主张法官在适用"有利于"类型冲突规范时，应比较不同国家的实体法或适用结果，但这样的主张在司法实践中却常常遭遇"司法规避"的困境。究其原因，主要是以下三方面。

3.2.1　外国法查明的困难

对外国法的文本进行呈现是证明外国法最好的办法，外国当局所提供的权威立法文本记载以及具有实际效力的声明同样如此。这句法律箴言阐述了外国法查明的目标，但其中的困难却并非此箴言所说的那般轻巧。我国以成文法为主要的法律渊源,查明外国法的这个"法"自然就是冲突规范所指引的各国实体法立法文本。以"有利于"类型冲突规范为例,需要法官查明的外国法可能是一方当事人的经常居所地法、国籍国法或主要财产所在地法,以上这些连结点所指向的立法文本均需要查明。我国立法中有当事人可以合意选法的情形,在此种情形下,当事人若要选法,就需要提供外国的立法文本,但《法律适用法》中并未赋予"有利于"类型冲突规范这种形式,因此最终的外国法查明责任需要由法院承担。但法院查明外国法绝非一件易事,各国有其不同的语言体系,由于语言的差异性,没有一个国家或国际组织曾完成将全球的法律文本都翻译成同一语言的壮举,法院需要在浩瀚的法海里找寻与案件有关的外国实体法,难度可想而知。虽然在先前的判例中也许已经对相关法律进行了查明,但各国立法是一个持续、动态的发展过程,需要法院不断地对外国实体法进行追踪才能穷尽需要查明的实体法规定,可谓一项系统性工程。如果连结点所指向的国家为多法域国家,那么查明外国法的难度无疑又会增加。以美国为例,其每个州都有独立的成文法,这就需要法院在查明外国法时对每个州的相关立法都进行查明,从而选择适宜的法律。当外国法为判例法时,外国法的查明会变得更加困难。判例法国家先前的相关判例均为与案件相关的需要查明的"法",法院在查明外国法时仅查询相关的成文法已然存在困难,若要穷尽相关的司法判例无异于大海捞针。如果该国家同时为多法域国家,那么每个单独法域的相关司法判例都需要查明,这对于法院来讲几乎是一件不可能完成的任务。为了解决外国法查明难的问题,很多国家之间签订了司法协助条约,但不管是通过本国外交或驻外机构,还是通过外国专家或相关组织机构去查询外国法,尤疑都是一个耗时耗力的过程，必然会降低司法效率，进而延长司法案件的审理周期。如此，以比较法的视角去理解和解释"有利于"类型冲突规范显然是错误的，也是司法实践中法官在事实上搁置"有利于条款"的根源。

3.2.2 外国法理解与解释的差异

外国法的查明不是单纯对外国法文本的寻找，而是包含对外国法文本的寻找与对外国法的理解，进而结合案情对外国法解释的过程。对外国法文本的寻找是进行法律比较的前提，而比较的基础应当是对外国法的理解与解释。外国实体法的规定都是在其法律体系、法律制度背景下，对其社会问题、法律问题的具体应对，若要真正理解和把握外国实体法的内容，须假设自己处于其法律制度环境中进行考量。[53]假设在一个案件中法官已经寻找到外国法的文本，那么其下一步就应当对外国法的文本进行理解。外国法与本国法制定的社会背景不同，法官在理解外国法时首先要理解外国法的立法目的与精神，这绝非易事。由于语言的差异性，法律文本的翻译很难做到完全正确，加之法官对外国法制定的背景和社会环境的了解程度有限，即便法官懂得该国语言也很难完整、准确地理解外国法。这就造成了法官在解释外国法时同样存在一定的困难。

3.2.3 比较的内容无法确定

在查明外国法之后，法官需要从数个相关实体法中找到一个有利于弱者一方当事人的实体法。这里的"有利于弱者一方当事人"应当如何理解？是相关实体法的条文有利于弱者一方当事人，还是适用相关实体法得出的结果有利于弱者一方当事人？立法并未给出明确的答案。如果对实体法条文进行比较，那么由于各国实体法的立法背景、目的各不相同，直接进行比较就会出现不同立法之间的价值不可通约性的问题导致比较的过程陷入哲学视角下的"明希豪森三重困境"。如果对实体法的适用结果进行比较,则可能会促使法官适用法院地法。比如在著名的巴布考科诉杰克逊(Babcock v. Jackson)案中,福德(Fuld)法官采用了如政府利益分析说、优先选择理论等多种法律选择学说或方法,实质上是希望选择法院地法。[54]西蒙尼德斯教授总结道,由于法官对法院地法的熟悉程度更高,因此在大多数案件中都将适用法院地法,如"比较好的法"等期望通过比较相关实体法适用结果的法律选择方法最终都将被贴上"法院地法"的标签。[55]

从上述分析可以看出,尽管立法引入"有利于保护弱者权益的法"的目的在于实现弱者利益保护,但当前在"有利于保护弱者权益的法"的确定上,学者所提出的方法都存在难以操作的难题,致使司法实践中出现法官无视"有利于"这一主观连结点的情况,仅仅依凭客观连结点的指引便完成法律选择的过程。因此,我们有必要从理论上重新反思当前在"有利于保护弱者权益的法"的解释上所存在的问题,并寻求与司法实践相契合的解决办法。

3.3 探索解决当前理论研究困境的出路

如前所述,在对"有利于保护弱者权益的法"的解释上,"法律说"和"结果说"在操作上都存在这样或那样的问题。本书认为,为了解决这些问题,我们可以换一个角度思考,采用法社会学解释方法来重新思量"有利于"类型冲突规范的适用过程。

3.3.1 法社会学解释方法的概念

法社会学解释方法是20世纪社会法学派提出的一种有别于传统的文义解释方法和目的解释方法的法律解释方法,可以说是社会学方法在法学领域的运用。[56]7法社会学解释方法通过对可能形成的多个判决结果所引发的社会后果进行综合考量,从中选取最佳或最为合适的判决结果。基于对案件判决可能引发的不同社会后果的预判和权衡,法社会学解释方法追求实现个案公正与案件在全社会的影响与后果间的平衡。然而,法社会学解释强调不应仅仅在诸多相互竞争的利益之间进行价值衡量,而应重点考虑各种解释和判决对以后的当事人或整个社会造成的不同影响或后果。也就是说,法官选择何种解释不仅要考量裁判结论对当事人相关利益的影响,还要放眼整个社会,客观理性地分析裁决可能引起的所有潜在的后果,这种审判方式具有浓厚的后果主义色彩以及明显的结果导向性。法官在运用后果主义裁判时,需要对各种可能的后果进行比较,其内容包含法官基于判决结果对当事人可能造成的影响的考量,同时也应包含法官基于判决结果对整个社会可能造成的影响的考量。这种带有后果主义色彩的审判理性以客观视角对不同判决结果及其可能引起的后果(影响)进行分析,试图以对后果的解释去修正法律适用与立法目的之间在结果上可能存在的偏差。

3.3.2 法社会学解释方法的特征

法社会学解释方法包括以下主要特征。

(1)强调各种利益和价值的衡量。法社会学解释尝试将法律之外的因素如判决对社会产生的影响、形成的社会后果等纳入法律解释的考量之中,即法官在进行法律解释时,除法律理由(如维护法律的确定性、安定性、稳定性和权威性)之外,还要考虑政治、经济、道德、文化、价值观念,特别是公共利益、社会效果等各种社会因素,对判决后产生的利害关系和社会影响进行权衡。可见,法社会学解释的核心是利益和价值的权衡问题。正是利益和价值的权衡,使法官在审理案件时,引入了法律文本之外的社会学内容。换言之，法官需在进行各种社会利益衡量之后才能作出价值判断，用这种价值判断反过来指导对法律文本的解释过程。因此，利益和价值的衡量是法社会学解释方法的首要特征。

（2）强调利益衡量和价值标准的客观性。法社会学法律方法强调利益衡量和价值判断标准的客观性，其本质或根本目标即为寻找一种客观标准，这一标准能够帮助解释主体超越自己的主观性进行判断。这些客观标准通常包括社会主流价值观、公序良俗以及公民的体感正义等。法律的解释和适用是法官的司法活动，而每一个法官的法律素养以及人生历练和社会经验都不同，导致绝对的客观是难以做到的。因此，法官显然无法在法律适用过程中完全摒弃自己的主观判断，但我们不能因此而放弃对利益衡量和价值判断标准的客观性的追求。法社会学解释涉及的利益衡量和价值判断的客观性，只能是"交谈式的，即合乎情理，就是不任性、不个人化和不政治化，就是既非完全的不确定，也不要求本体论意义上的或科学意义上的确定"。[57]虽然人与人之间在价值观上可能存在差异，但相对的客观性通常可以在合理讨论的基础上达成共识，毕竟从全社会的角度而言，共识性的价值体系还是存在的。[58]

（3）兼顾形式正义和实质正义，更倾向于实质正义。法社会学解释方法注重形式正义，其运用须以法律的事先规定为限，不能以追求社会效果或实质正义为理由超越这一限度，不能完全忽视形式正义。[59]法社会学解释虽然兼顾形式正义、抽象正义，但更倾向于实质正义、个案正义。法社会学解释主要是针对具体个案适用法律规范的过程的一种法律解释方法。法社会学解释并不是在任何个案中都普遍适用或必须适用的。[59]实际上，文义解释通常会遇到文义出现复数解释的可能。当义义解释出现两种以上结果的时候，法律规则本身无法给出答案。这时，只有运用法社会学解释方法，即在文义解释之后的复数解释结果中，通过对复数解释的社会效果、社会利益、社会目的进一步预测、权衡与考量，才能最终确定要选择的解释，进而实现个案正义或实质正义。

（4）连接立法目标与司法目的的纽带。从目的论的角度看，实现社会公正是立法与司法的共同目标。立法目标将社会正义抽象地转化为法律规则（文本），高度凝练和普遍化立法者对于社会正义的理解。司法的目的则是要将这些抽象的法律规则运用到复杂的社会事件（案件）中，以期实现最终的社会正义。司法实践中，法官在不同利益间进行比较权衡时须转换视角，将自己置于立法者的角度进行考量，包括对于法律经验、社会经验等内容的考量、研究以及反思，进而得出结论。换言之，法官应当从生活中获取结论。事实上，这就是立法和司法相接的触点。[60]正如卡多佐所言，立法者的工作和法官的工作并非天然连接在一起，而是法官要通过一定的方式将两者连接在一起。法社会学解释方法根植于社会学理论，在对法律规则进行解释时将多种社会因素纳入考量范畴，如价值观念、政治、文化、经济、道德、公共利益、社会效果等，对于调节社会的复杂性与法律规则的抽象性有着天然的优势。

3.3.3 采用法社会学解释方法的理由

本书主张采用法社会学解释方法来解读"有利于"类型冲突规范的适用过程，其理由如下：

第一，在法律适用上可以解决"法律说"或"结果说"所存在的可操作性难题。从法社会学的视角审视，法律不应是社会目的本身，而应是达致社会目的的手段。因此，对法律的审视应从其目的和效果入手，并围绕两者及其相互间的关系展开评价。[41]在"有利于保护弱者权益的法"的解读上，区别于"法律说"与"结果说"，法社会学解释方法强调应将各种社会因素纳入法官的裁判之中，法官在进行法律选择和论证时应当以适用不同实体法得出的可能后果作为评价的客体，并围绕这些客体展开评价。[61]以判决产生的社会后果为起点进行法律选择，在一定程度上就可以回避"法律说"与"结果说"当下所遇到的难题。

第二，在目的上有助于贯彻立法所欲实现的弱者利益保护原则。弱者利益保护原则贯穿于"有利于"类型冲突规范的适用过程之中，但受限于弱者的法律特征，导致"有利于"的判断并不能直接以该原则为标准。因为作为一种具有主导性特质的法律思想，法官在司法裁判中并不能直接适用法律原则，需要将其进一步转化为具体法律规范才能获得具有司法实践意义的裁判标准。[58]裁判规范的形成是法律原则不断具体化的过程，同时也是法律原则将其所蕴含的评价观点不断融入司法裁判的过程。[62]基于此，在"有利于"类型冲突规范的适用中，弱者利益保护原则显然无法直接转化为判断"有利于"的标准，立法中也无法提供一个确定的判断标准，因此司法实践中法官只能在个案区分的基础上采用类型化的方式，通过对话或商谈的形式完成"有利于"的判断。

第三，效果上符合当前我国法律效果与社会效果相统一的司法政策。根据最高人民法院文件的精神，人民法院应当在审判中贯彻法律效果与社会效果相统一的审判理念。❶ 在此背景下，从法

---

❶ 参见最高人民法院：《关于加强和规范裁判文书释法说理的指导意见》，法发〔2018〕10号，2018年6月1日发布。

社会学角度解读"有利于保护弱者权益的法",就是要将目光超越个案考量,将判决所能产生的当下的社会效果和社会影响作为法律选择的考量因素,同时还须对未来的相关影响作出预判,以期对全社会产生有益影响。将法社会学解释方法运用于司法实践中,就是希望借助利益衡量和价值判断,让情理与法理、社会的公平与正义在法律的框架内得到尊重与实现,最终达致法律效果与社会效果相统一的价值追求与目标。[56]

3.4 法社会学视角下"有利于保护弱者权益的法"的确定方法

从法社会学角度看,不同于比较型冲突规范和结果导向型冲突规范的操作规程,法官在操作上主要是通过后果主义推理来确定"有利于保护弱者权益的法",其具体步骤包括:

3.4.1 预测可能后果

如前所述,法官在确定"有利于保护弱者权益的法"时需要借助后果主义推理,首先结合案件事实,预测相关的可能后果。预测可能后果涉及司法实践中法官应当将什么样的后果纳入法律选择的考量范畴的问题。要回答这个问题首先应当明确这里的"后果"是指案件所产生的法律后果还是可能产生的事实后果。法律后果是指法官将法律规则适用于案件事实后得出的后果,而事实后果是指案件判决生效后对社会产生的实质后果。法律后果仅限定在法律领域之中,而事实后果则反映出判决在政治、经济等各个社会领域的影响。麦考密克将法律后果称为"法内后果",认为这种后果是运用法教义学推理在法学领域内获得的后果;他将事实后果称为"法外后果",认为这种后果是判决将在社会中引起的较长期的可能后果。[63]司法裁判对于后果的预测首先应当是对

"法内后果"的预测,而"有利于"类型冲突规范适用中的后果主义推理的特殊性在于将"法外后果"作为后果预测的主要考量因素。我国学者对于后果主义推理中的后果有较为精准的描述,认为其并非仅通过判断词语间的逻辑关系的方法就足以确定,而是要符合或者说能够通过经验加以证明并具有"可行性"的一种事实上的可能后果。[64]本书认可该观点,认为"有利于"类型冲突规范后果主义推理中的后果应为考察判决对弱者一方当事人利益产生影响的事实后果,也就是麦考密克认为的"法外后果"。可能后果从性质上看是一种事实后果,从普遍效力的角度看应为一般后果。"有利于"类型冲突规范后果主义推理中的后果应是可普遍预测的后果,是一种能够通过普世价值观预测出的后果。由于后果主义推理会在一定程度上引发法官对法律的续造,所以这种"法外后果"不应当具有特殊性,而是一般性的、不受个案影响而变化的事实上的后果。在"有利于"类型冲突规范后果主义推理中,法官预测后果的目的就是以这些后果作为证立法律选择的正当理由,而一个具有可接受性的正当理由不应该只是针对个案的,一个可欲后果应该是面向未来的,也就是说能够通过逻辑将其作为以后同类案件的裁判规则。[65]这也是可能后果必须是一种一般性意义上的后果而非随个案发生变化的特别后果的原因。

3.4.2 考量可能后果

所谓后果考量,就是多角度比较和权衡各种可能后果,以有利于保护弱者利益为取向,从可能后果中选择其一,形成可欲后果的事实判断过程,其目的是为确定"有利于保护弱者权益的法"提供实质性依据。对可能后果进行评价或考量是"有利于"类型冲突规范后果主义推理的核心步骤,也是难点所在。从一般意义上讲,麦考密克认为,对于后果的评价,应当以争议、常识、公共政策或方便程度等作为评价标准。[66]相比麦考密克略显模糊的指引,符卢勃列夫斯基提出了清晰的分类标准,他认为应当以形式正义、实质正义、规范融贯性以及一致性去审视对于后果的评价。[67]以形式正义为标准可以保证后果评价的一般性或普遍性,使类似案情的案件可以得到相似的评价;以实质正义为标准可以保证对于后果的评价符合对立法目的的预期;以融贯性和一致性为标准则可以保证对法律之续造是遵循现有法律规则并且融贯的。除此之外,法官还需要结合案情选取其他一些标准进行补充或佐证,比如强调经济性的评价标准、强调伦理道德与社会风俗的评价标准、强调社会政策的评价标准等。

就"有利于"类型冲突规范后果评价而言,本书认为"有利于"类型冲突规范后果考量要求法官基于自身对社会各领域的认知,以保护弱者权益为取向,主观地对可能后果进行评价,这种以预测为前提的评价显然无法规则化,而只能采用规范化的路径去正当化评价的过程。在"有利于"类型冲突规范的后果评价中,由于法律体系内缺乏相应的规则去指导法官进行评价,因此法官就要超越法律体系,对案件的可能后果进行法外评价。在多角度考量可能的后果后,法官就可以择一最优取向,形成可欲后果,为确定"有利于保护弱者权益的法"奠定基础。

关于"有利于"类型冲突规范的后果考量的特点、方法、判断标准、操作步骤等内容将在第五章中具体展开讨论。

3.4.3 寻找法律依据

法官作出可欲后果的考量后须进一步在立法中寻找能够与可欲后果相关联的法律规范,并结合个案事实与法律规范找到支持考量结论的理由,即对规范进行挖掘是为了寻找适用的法律,对支持理由进行寻找是为了选择适用的解释方法。"有利于"类型冲突规范规定了多个客观连结点，不同的连结点有可能指向不同国家的实体法，这时法官在面对多个可以适用的法律时，就可以通过逆推的方式来确定哪一个国家的实体法才是"有利于保护弱者权益的法"。应当注意的是，寻找和解释法律的目的是适用法律。前述的步骤都是法官作出某种决定的方式方法，为确保论证结论的合理性，还需进一步将这一决定正当化。在通过逆推得出"有利于保护弱者权益的法"后，法官还需要通过司法三段论的方式来验证判决结果是否能够产生相应的可欲后果，这一过程同样是对法律与事实间逻辑关系的证立。运用三段论推理证立"有利于保护弱者权益的法"与个案事实之间的逻辑关系，是将"有利于"类型冲突规范的法律适用由合理向合法"质的飞跃"的重要步骤。"有利于"类型冲突规范作为一种结果导向型冲突规范，结果导向所采用的是一种在顺序上倒推的逻辑，即从裁判后果出发进行推理。虽然与传统三段论的逻辑方向相逆，但这并不意味着在法律适用过程中要排除三段论式的演绎推理，因为两者并非绝对对立的关系。与之相反，本书认为"有利于"类型冲突规范后果主义推理中不能排除三段论的演绎推理，因为它是论证法律选择理由最合理的方式，只有这样才能增强论证结论的说服力，因此非但不能抛弃，反而应当对其进行合理适用，使其成为正当化结果导向论证过程的有力工具。由此，法官通过可欲后果逆推和三段论的证立，就完成了"有利于保护弱者权益的法"的确定过程。

3.4.4 证立及说理

在确定"有利于保护弱者权益的法"后，对法律适用过程进行证立和说理也是"有利于"类型冲突规范法律推理活动必不可少的环节，以及实现正当化与合法性的必要步骤。在完成了后果的预测、确定以及评价之后，还需要通过证立和说理才能将所评价的事实后果转化为最终的判决结果。瓦斯德姆（Richard A. Wasserstorm）将判决分为"判决的发现"和"判决的证成"两个阶段，❶ 对后果的预测、确定和评价所对应的便是"判决的发现"过程，而对后果的证立和说理对应的便是"判决的证成"过程。如前所述，在"有利于"类型冲突规范后果主义推理中，由于法官对后果进行的是法外评价，因此其便需要对"判决的发现"过程进行详细说理。哈特认为，法官应当公开地区分和讨论自己关于法律的目的、正义、社会政策或者其他法外因素的考量。[68]正如哈特所言，只有对后果主义推理进行完整、细致的说理才能保证判决的合法性，防止法官通过解释的方法实现其独断的价值判断，同时也防止法官以逻辑的形式掩盖其造法的事实。[68]

关于"有利于"类型冲突规范适用中的论证义务、论证方法和论证准则等问题的讨论将在第六章中具体展开。

3.4.5 举例说明

通过上述分析，本书认为我们应当在法律选择过程中运用法社会学解释方法以"可欲后果"替代"判决结果"，这样便可以在很大程度上化解"法律说"与"结果说"在可操作性上存在的难题，也有助于我们以全新的视角解读和确定"有利于保护弱者权益的法"。下面通过陈某某与曲某某同居关系子女抚养纠纷案❷来展示法官是如何通过后果主义推理来确定"有利于保护弱者权益的法"的。

---

❶ "判决的发现"强调判决能够被发现或实现的过程，而"判决的证成"则着眼于判决经由何种方式可以被证明是正当的，关于二者的划分及详细讨论参见 Richard A W. The Judicial Decision: Towards a Theory of Legal Justification [M]. Redwood City: Stanford University Press, 1961: 25 - 28。

❷ 上海市闵行区人民法院民事判决书，(2013) 闵少民初字第 104 号。

(1)案件事实。原告陈某某，系某技术有限公司员工，2009年12月至2013年6月被派往该公司美国代表处工作。原告在美国期间与被告相识恋爱，并曾同居。2012年12月7日，原告生育一子，取名曲亚某某。由于原、被告居住于美国不同城市，曲亚某某自出生后随原告共同生活，被告则在儿子出生一个月内请假陪伴原告及儿子。嗣后，被告通过网络视频看望儿子。其间，原告曾两次在被告要求下将儿子送至被告处探望。之后，被告曾提出到原告处探望儿子，但之后又称工作繁忙，一再推迟至2013年5月。2013年5月23日，原告因工作所需返回中国，曲亚某某随原告一同返回，致被告于2013年5月未能探望到儿子，之后儿子由原告实际抚养至今。儿子在美国出生直至随原告回到中国，被告未支付过其抚养费。2013年5月24日，原告遂以诉称理由诉至法院，请求法院确认儿子的抚养权归原告。

(2)"有利于保护弱者权益的法"的后果主义推理过程。本案是一个具有涉外因素的民事案件，其中被告曲某某是美国人，而本案涉及的法律包括中国法和美国法，那么应选择哪一个国家的实体法作为判案依据呢？下面具体分析法官是如何通过后果主义推理来确定准据法的。

第一步：预判后果。在本案中，法院的判决结果只有两种情况：一种是将抚养权判给原告；另一种是判给被告。第一种情况的可能后果是儿子由原告抚养，第二种情况的可能后果是儿子由被告抚养。法官需要在此时就案件的可欲后果作出预判，应当优先保护被抚养人健康成长的权益，其次是本案中其他当事人的合法权益。那么，哪一种可能后果能够产生有利于保护弱者权益的可欲后果？法官需要在接下来的后果考量中寻找这一问题的答案。

第二步：后果考量。根据双方当事人提交的证据，结合庭审质证，法院查明下列事实：

①本案中弱者一方（儿子）与原告一方（母亲）共同生活，感情深厚；

②原告所提供的证据表明，其完全具备抚养儿子的客观条件与主观能力；

③弱者一方尚不满两周岁。

根据以上事实，经过比较和衡量，法官认为曲亚某某随原告生活更有利于其健康成长，这样的后果才是立法所欲实现的保护弱者权益的可欲后果。

第三步：寻找法律依据。经过后果考量，法官根据《子女抚养问题具体意见》的规定认为，该案应当以有利于子女身心健康、保障子女合法权益为出发点进行审理，最终将抚养权判给原告。

第四步：法律适用过程的证立和说理。本案法官从形式和实质两个方面对法律适用过程进行了证立和说理。从形式上，本案判决书列出了相关的法条，即《法律适用法》第 29 条、《最高人民法院适用〈中华人民共和国婚姻法〉若干问题的解释（三）》第 2 条第 2 款。从实质上，法官从以下三个方面为法律选择提供实质理由：首先，从被抚养人曲亚某某的亲子感情方面进行证明，认为其自出生后一直与原告共同生活至今，双方具有真挚的亲子感情；其次，从原告陈某某的抚养能力方面进行证明，认为从原告提供的收入证明、不动产证明、学历证书等证明文件可以看出，原告具备抚养儿子的各项必备条件；最后，从被抚养人的现实生活方面证明，认为被抚养人尚且年幼，随母亲生活显然有利于其健康成长，于法有据。

以上便是法官进行后果主义推理的完整过程，法官经过预判后果、后果考量、寻找法律依据以及对法律适用过程的证立和说理，完成了准据法的选择及其论证。

3.5　小结

《法律适用法》的一大亮点是在婚姻家庭领域引入"有利于"类型冲突规范，以便在国际私法领域落实弱者利益保护原则，实现对弱者权益的保护。然而，对于如何确定"有利于保护弱者权益的法"，目前我国学者的看法不一，有学者从文义解释的角度，认为"有利于保护弱者权益的法"应该通过比较不同国家实体法的方式获得；还有学者从目的解释的角度，认为"有利于保护弱者权益的法"应该通过比较判决结果的方式获得。但无论采取哪一种方式，从司法实践的角度看，都存在难以操作以及查明外国法的负担问题。基于此，本书主张我们应转换视角，从法社会学角度解读"有利于保护弱者权益的法"。从法社会学角度看，"有利于"类型冲突规范是一种带有价值导向的冲突规范，实现弱者权益最大化保护才是"有利于"类型冲突规范立法的可欲后果，是可欲后果决定了应该选择哪一个国家的实体法作为准据法，而不是通过"法律说"与"结果说"比较的方式获取准据法。基于这样的认识，法官在司法实践中确定"有利于保护弱者权益的法"时，应通过后果主义推理方式来确定准据法。这样的处理方式，一方面是"有利于"类型冲突规范的立法目的使然，另一方面可以解决文义解释和目的解释方法所带来的难以操作和查明外国法的负担问题。

4 "有利于"类型冲突规范适用模式的重构

4.1 从法律适用模式角度研究"有利于"类型冲突规范的适用过程

从前文的分析可知,目前在"有利于"类型冲突规范的适用问题上,理论与司法实践脱节。那么,如何摆脱目前这种背离的现象,本书认为有必要从学理上采用法律适用模式这一分析问题的工具,仔细梳理"有利于"类型冲突规范适用思维之间的逻辑关系,重新构造一种与司法实践相契合的法律适用模式。

4.1.1 法律适用模式的含义

所谓法律适用模式,是指法律适用上的一种确定的思维方式,含有逻辑化与体系化之意。从理论研究的角度看,法律适用模式具有多重含义,我们可以从以下三个方面来理解:

(1) 国际私法视域下的法律适用模式是指由各种单独的法律选择方法整合而成的,作为一个整体存在的方法体系。[69]例如,"比较好的法""优先选择理论"等理论方法都产生于美国"冲突法革命",虽然它们在研究旨趣上并非完全一致,但这些方法在认识论或方法论等基础研究层面都具有相通性,可以作为一个整体来研究这一方法体系的内容、结构与功能。

(2)法律适用模式是对法律选择过程中的实现可能性及其具体实现方式的探讨,主要研究法律适用理论创立的原因、过程,以及如何进行验证和评价等问题。为了解决以上问题,就需要探究存在于法律适用过程中的一般性规律,否则就无法从方法论层面探究法律适用的问题。例如,若仅在法律适用中采用传统司法三段论的方式,显然就无法实现有利于保护弱者权益的立法目的,那么我们该采用什么样的适用方式?又如何来评价这一适用方式?这些都需要进一步研究。

(3)法律适用模式是对法律选择过程从理论研究视角进行的一种反思,所包含的内容不仅仅是对其原理的再认识,更是对其方法的再认识。在理论研究中,从"学"的层次上升到"论"的层次需要对研究对象进行理论上的反思,即方法"学"的研究止步于对法律选择方法的归纳证成,而方法"论"的研究需要对其进行更进一步的反思。例如,在"有利于"类型冲突规范的适用上存在"法律说"和"结果说"两种代表性的观点,这两种观点都存在难以操作的问题,需要我们对其进行深刻反思,以摆脱目前适用"有利于条款"存在"司法规避"的窘境。

究其根本,法律适用模式也是一种方法,是将各种不同的方法进行理论化后形成体系,并在理论层面进行说明的方法,即"方法的方法"。与具体方法不同,法律适用模式更加抽象与系统化。

4.1.2 "有利于"类型冲突规范适用模式的研究内容

概括地讲,"有利于"类型冲突规范适用模式的研究内容包括:

(1) 法律选择方法的内涵结构与外延关系。在法律适用模式的研究中,首先要从内涵结构和外延关系两个方面对各种法律选择方法进行批判性的检视,目的在于对理论研究中的得失与具体进路进行反思。目前,"有利于"类型冲突规范适用问题的两种代表性观点之所以会遭遇"司法规避"的窘境,从批判性的角度审视,其原因就在于单纯采取比较的方法在各国实体法之间或在适用各国实体法所得判决结果之间进行比较选出个案的准据法,无法克服司法实践中法官所要面临的查找和比较不同国家实体法的难题。

(2) 法律适用模式的类型。在"有利于"类型冲突规范适用模式的研究中,在我们按照一定的标准进行区分后,可进一步将各种法律选择方法重构为不同类型的法律适用模式,不同类型适用模式的划分通常是由于各种模式在研究目的、内容以及主题等方面存在的差异。从解释学的角度以逻辑推理的起点不同进行划分,"有利于"类型冲突规范的适用模式可以划分为形式主义适用模式和实质主义适用模式两种,这两种适用模式无论是在推理形式、理论基础还是在价值取向上都存在明显的差异。

(3) 法官在法律适用中的利益衡量和价值判断。在"有利于"类型冲突规范的适用上,应当承认法官享有一定的自由裁量权。"有利于"类型冲突规范的适用模式应摆脱传统国际私法片面追求法律选择确定性的做法,更加强调涉案各方当事人以对话或论辩的方式实现国际私法追求法律选择确定性、合理性与可接受性的目标要求,由此获得的裁判结果才能为各方主体所接受。

(4)法律选择的标准。"有利于"类型冲突规范适用模式应摒弃传统国际私法机械地适用冲突规范的思维,认可法律选择是一种能够体现法官主观创造性的精神活动,而非简单的数学运算。[58]"有利于"类型冲突规范适用模式应当承认由于"有利于"这种主观性连结点的存在,法官在"有利于"的判断上存在多种选择的可能性和自由裁量权,但同时法官也须承担论证义务,并通过论证程序来排除法律适用过程中的恣意,以此来规范法官进行法律选择的价值评价。

4.1.3 "有利于"类型冲突规范适用模式的研究意义

"有利于"类型冲突规范适用模式的研究意义主要体现在以下几个方面:

(1)法律适用模式是理论研究的具体展开路径和前提。如前所述,"有利于"类型冲突规范是我国立法采用的一种新型冲突规范,这必然会给我国国际私法理论研究带来一系列新问题,如在国际私法中如何贯彻弱者利益保护原则?这类新型冲突规范会给传统法律适用方法带来什么样的新变化?司法实践中法官又该如何操作?等等。因此,从法律适用模式的角度研究"有利于"类型冲突规范,可以为我们提供新的思维工具和方法。诚如学者所言,对方法论问题的研究才是法学研究的根本所在。[71]

(2)法律适用模式对于国际私法的理论创新具有十分重要的意义。"有利于"类型冲突规范之所以是一种新型冲突规范,就是因为引入了新方法,从而促使价值取向更新,进而带来新的发现。恩格斯认为,新的观点体系之所以"新",就是因为采用了新的方法。[72]德国学者伽达默尔(Hans - Georg Gadamer)甚至将新方法的发现视为所有理论研究的根本所在。[58]回顾国际私法的发展历程,"法则区别说"之所以被"法律关系本座说"取代,就在于

"法律关系本座说"在方法论上实现了所谓"哥白尼式"的革命，它标志着一种新的理论体系和观念的诞生。

（3）法律适用模式对于研究主体的思维更新至关重要。当前在"有利于"类型冲突规范的适用问题上存在理论和司法实践脱节的现象，无论是从文义解释还是从目的解释都无法得出一个合理的解释，这时采用法社会学这一新的解释方法，有助于我们摆脱目前所面临的窘境，深化我们对于"有利于"类型冲突规范的认识。

（4）从法律适用模式角度研究"有利于"类型冲突规范，也是国际私法理论研究的重要内容之一。当前在我国的国际私法理论体系中，针对"有利于"类型冲突规范的研究几乎是空白。因此，如欲建构一个完备的学科体系，有关"有利于"类型冲突规范的内容不可或缺。应当认识到国际私法中所存在的理论纷争实际上也是方法之争，而"有利于"类型冲突规范在法律选择方法上的特殊性无疑会进一步丰富和完善当前的国际私法理论体系。

4.2 "有利于"类型冲突规范两种不同类型的适用模式之争

4.2.1 "有利于"类型冲突规范适用模式的划分

从解释学的角度以逻辑起点的不同进行区分，"有利于"类型冲突规范的适用模式可以进一步分为形式主义适用模式和实质主义适用模式。

（1）形式主义适用模式。"有利于"类型冲突规范形式主义适用模式以逻辑涵射为特征，在适用时将"有利于"类型冲突规范与个案事实分别视为逻辑推理的大前提和小前提，通过演绎推理的方式确定最终适用的准据法。"有利于"类型冲突规范形式主适用模式借助司法三段论，通过援引冲突规范确定准据法，以防止法官的恣意。形式主义适用模式通常被大陆法系国家采用，其理论构建于"法律关系本座说"之上。萨维尼认为，法官的任务就是将某种法律本座从法律事实中剥离出来，而所谓法律本座，即为某种能够将法律关系进行场所化具现的法律事实，法律本座的表现形式通常都是不变的。[73]将"法律关系本座说"公式化地表达出来，即为"法律关系 + 连结点 = 特定国家或地区的法律体系"。形式主义适用模式通过逻辑涵摄的推论形式找寻准据法，是建立在事实与价值二元等分的哲学基础之上，期望能够通过具有客观性特征的法律体系解决法律冲突问题。"法律关系本座说"试图构建一个封闭的、不受裁判者主观影响的法律体系，以"法律关系、连结因素、实体法"三者构成完整的逻辑推演结构，贯彻冲突法的形式正义。法官在法律选择过程中只需找到正确的连结因素，并将其与个案事实结合起来，由此得出的结果便具有法律上的意义。[74]形式主义适用模式试图通过确保法律选择的客观性、合法性以及确定性来构建一个具有科学意向的法律选择理论体系。"这种解释方法是以自然科学的方法为楷模，以世俗法律为对象，以阐明法律规范的含义为旨归。这种理论符合主体与客体、主观与客观二分的世界观和知识论。从解释学上讲，这代表了一种认为作品的意义是固定的、唯一的客观主义的诠释态度。"[75]

"有利于"类型冲突规范形式主义适用模式的特征包括：

①在认知图式上，形式主义适用模式认为冲突法体系的特征应当包含客观性、中立性、确定性以及封闭性，以科学主义的观念承载人民对法治的信仰。尽管从认识论的视角看，传统国际私法理论以自然法为基础，此外，还有一些国家的立法实践以实证主义为基础，但都认为法官应严格按照冲突法体系进行法律选择，

而不应加入自己的主观判断。

②为了实现冲突法上的正义,形式主义适用模式要求各国应采用相同的冲突规范,只有这样才能实现判决结果的一致性。但形式主义适用模式同时认为,法官的先见必然会带来认识上的障碍。因此,形式主义适用模式要求法官在法律适用过程中始终保持客观中立的立场,不应对判决结果作出自己的价值判断。

③形式主义适用模式在思维模式上认为"有利于"类型冲突规范的适用过程就是演绎推理过程。"有利于"类型冲突规范的逻辑涵摄过程本质上就是将"有利于"类型冲突规范与个案事实分别视为逻辑推理的大、小前提,通过司法三段论式的演绎推理寻找并确定个案准据法的过程。[58]

④在形式主义适用模式下,"有利于"类型冲突规范的适用并非法官依据法律条文针对个案进行解释的过程,也并非对法官适用哪一国家实体法的评价过程,而是在一般意义上对"有利于"类型冲突规范的适用过程。

(2) 实质主义适用模式。"有利于"类型冲突规范实质主义适用模式涵盖了美国现实主义法学者所提出的各种法律选择方法,其主要特征是追求法律选择的实质正义,认为法律之外的政策、道德以及风俗习惯也可以成为法官判案的依据,并且是法官在法律适用中的决定性依据或者考量因素。在推理的形式上,"有利于"类型冲突规范实质主义适用模式采用的是一种逆向推理的后果主义推理形式。与形式主义适用模式所采用的演绎推理形式不同,后果主义推理是根据对法律适用后果的预测和评价来确定准据法。对后果的评价须借助一定的评价标准,才能对其价值判断加以控制并使其合理化。"有利于"类型冲突规范实质主义适用模式是一种主张从后果出发进行思考的法律思维或方法,要求法官在法律适用过程中以及在为法律选择寻求理由时,将法律适用权衡的标准构建于法律选择可能产生的某些后果之上,即法律选择的考量基础是司法所产生的一定后果,裁决的良好后果才是法律选择的正当根据。可以说,这是一种与"有利于"类型冲突规范形式主义适用模式及其逻辑机制相异的法律适用方式。

在"有利于"类型冲突规范形式主义适用模式下,我们可以将冲突规范的适用过程简化为"案件事实+'有利于'类型冲突规范=准据法"的三段论推理过程,法官以演绎推理的形式陈述和阐释法律选择的理由。就法律推理的演绎模式而言,法律裁判的具体内容应当是一种结果,这种结果是由事先存在的、客观的事实和规范前提所决定的。[76]在这种思维和方法的统摄下,法官的法律适用结果实际上是适用既有冲突规范的结果。这也体现着法治思想对法律适用活动的引导与合法性控制,以设定司法依据的有效渊源为目的,在具体个案的裁判中贯彻法律对法官司法适用的直接约束,进而实现法律对于社会公共行为间接规范的作用。[77]"有利于"类型冲突规范实质主义适用模式采用的基于后果评价的法律适用模式,可谓对传统形式主义适用模式采用的推理机制的一种反向运动,不仅仅是对传统法律适用过程直接演绎的修正,也是对法官机械地、被动地成为法律"宣读人"的更正,同时还改变了准据法的确定与法律适用结果之间的先后顺序。显然,"有利于"类型冲突规范实质主义适用模式要求法官在法律适用过程中必须考量裁判结论所带来的后果,并以后果进行论证倒推出最终的准据法。如果把"有利于"类型冲突规范实质主义适用模式与形式主义适用模式以"作出法律适用结论及其后果与冲突规范之间的关系"为线索进行比较,显然这种以后果推理为驱动的法律适用过程及其运作机制改变了法官在法律适用结论与"有利于"

类型冲突规范之间的思维顺序。

基于此，不难发现"有利于"类型冲突规范的适用过程不再是简单地自上而下的演绎涵摄，"有利于"类型冲突规范实质主义适用模式强调法律选择对裁判后果的倚重，法官需要对不同裁决结论所产生的可能后果进行切实考量以推断法律选择所具有的意义，即法官对可能后果的理解最终会影响作为个案裁判理由的准据法的选择。所以，"有利于"类型冲突规范实质主义适用模式要求法官通过考量后果来实质性地影响法律选择，即案件的法律适用最终会受到法官对裁决进行后果考量的逆向影响。

与形式主义适用模式相比，"有利于"类型冲突规范实质主义适用模式体现了国际私法从形式主义向实质主义的嬗变，其主要特征包括：

①强调法律选择问题的实质性依据。"有利于"类型冲突规范实质主义适用模式具有明显的法律工具主义特征，认为冲突规范只是实现特定目的的工具。在庞德眼中，法律与利益间存在某种联系，针对各种利益关系进行协调与满足就是法律的根本目的，而为了达到这一目的，法官可以最大限度地重申法律标准以及法律原则等弹性规则在法律适用中的意义。[78]同时，法官在法律适用过程中应考量的重点是法律背后的价值与落实希望实现的目标。从这个意义上说，冲突规范并非不可改变的，而是可辩驳的。换言之，在"有利于"类型冲突规范实质主义适用模式看来，冲突规范只是实现社会目标众多工具中的一种，只要对社会目标的实现有益，其他如政治、道德、政策等工具也可以在法律适用中采用。

②强调法律选择的不确定性。在"有利于"类型冲突规范的适用中，形式主义适用模式不否认在一定的情况下法律适用也存

在不确定性，而实质主义适用模式的特征无疑会增大这种法律适用的不确定性。在美国现实主义法学看来，传统国际私法追求法律选择的确定性只不过是一种幻觉和神话，法官实际如何选择法律并不是由冲突规范决定的，而是取决于政治、经济、道德甚至法官的个性等多种因素。在美国现实主义法学者眼中，冲突规范具有开放性的结构，其意义只能在法律适用过程中加以确定，因此冲突规范本身便不具有确定性。

③强调法律适用的目的性。"有利于"类型冲突规范形式主义适用模式并不否认立法目的与冲突规范之间存在关联性，然而，法律选择的目的通常是多种多样的，并且还可能相互冲突，立法者的任务是在立法中选择和权衡这些目的，而法官只需按照立法中冲突规范的指引找到准据法即可。"有利于"类型冲突规范实质主义适用模式认为法官在法律适用中应当积极发掘其背后的理由与法律适用所产生的社会效果，因为这些因素才是决定法律选择的核心。理解法律规则意义的核心是明确法律规定的立法目的。由此看来，在"有利于"类型冲突规范实质主义适用模式中，正是由于对法律选择合理性问题的考量，才需要探寻法律规则背后的目的。

④强调选择法律的主观能动性。美国现实主义法学认为，法律适用的目的是在找寻准据法的同时实现法律选择的实质正义。"有利于"类型冲突规范实质主义适用模式的特点具体表现在两个方面：一是更强调法律选择的灵活性，认为传统冲突规范无法实现实质正义，所以法官应发挥其主观能动性，针对个案选择应当适用的法律；二是更强调法律选择与社会的联系，认为在法律选择中不能忽视判决结果对社会、政治、道德等方面所产生的影响，二者密不可分。

⑤强调法律选择的个案公正与结果的社会效果。在"有利于"类型冲突规范实质主义适用模式下,法律适用结果的不公将会导致法官摒弃该结果。美国现实主义法学认为,当一个国家的法律体系基本健全时,基本的法律价值之间便可能存在一定的竞争关系,这时就需要结合个案的具体情况对这些基本价值加以分析,如绝对的正义原则就可能与社会安定性原则发生冲突。法律适用的依据并非仅包含冲突法一个方面,而是包含正义、政策、道德等多个方面,这些方面在法律适用过程中所占权重甚至可能超过冲突法本身。当冲突规范无法实现一个国家的政策或社会目的时,就可以抛弃冲突规范,转而寻求更好地实现其目的的工具。

4.2.2 区分形式主义适用模式与实质主义适用模式的意义

本书以下论述主要采用形式主义适用模式和实质主义适用模式的划分标准,其意义在于:

(1) 在选择的对象上,"有利于"类型冲突规范形式主义适用模式和实质主义适用模式采取了不同的立场,即在确定法律文本的范围上态度不同。形式主义适用模式认为法律选择过程就是以法律文本或立法意图去解释、解读冲突规范的过程。法官只能依据国际私法立法来确定准据法,而不能仅凭自己的主观判断或将法律之外的因素引入法律选择过程中,因为冲突法体系本身是一个封闭自足的体系。而实质主义适用模式则认为法律之外或者之上的价值等因素也应纳入法官考量的范围,冲突法体系不再是一个封闭的体系,而是一个动态、开放、与人们生活密切联系的价值体系和目的体系。

(2) 在法官的主观能动性上,"有利于"类型冲突规范形式主义适用模式认为法律选择过程就是探求和解释法律文本的原初含义或者立法者原初意图的过程,是立法优位的具体表现,也体现了法官对法律以及立法者的尊重。但在美国"冲突法革命"爆发之后,伴随着立法优位原则受到普遍质疑,越来越多的人认同法官的主观性与能动性在法律选择中所发挥的作用。美国支持"冲突法革命"的学者以此为契机,希望能够通过普遍认可法官的主观性来实现法律选择的实质正义。然而,美国支持"冲突法革命"的学者所提出的法律选择方法却遭到了大陆法系学者的质疑。可见,"有利于"类型冲突规范形式主义和实质主义适用模式在法律选择问题上的立场划分,在一定程度上表明司法积极主义者与司法消极主义者在这一问题上并未达成统一的意见。

(3) 在法官价值判断和利益衡量上,"有利于"类型冲突规范形式主义适用模式秉承传统实证主义法学道德与法律相分离的立场,主张法官在法律选择过程中应极力排除自己的主观性,严格按照冲突规范的援引来确定准据法。而在"有利于"类型冲突规范实质主义适用模式看来,法律选择过程中的价值判断和利益衡量是不可避免的,法律选择并不只是一个逻辑推演过程,其中还包含着法官的价值判断和利益衡量,法官的主观性是通过个体经验、直觉等"前理解"的形式表现出来的。

4.2.3 两种不同适用模式的紧张关系

当前,在"有利于"类型冲突规范的司法适用中存在"司法规避"现象,之所以如此,主要是由于"有利于"类型冲突规范适用中两种不同法律观念之间存在紧张关系。如前所述,"有利于"类型冲突规范的特点就是包含"有利于"这样一个主观性连结点,之所以这样规定,就是想通过此种方式来弥补传统国际私法在实现法律选择实质正义上所存在的缺陷。然而,"有利于保护弱者权益的法"采用的后果主义方法,显然与传统法律选择方法有所区别,因此导致人们对于"有利于"类型冲突规范的适用过程存在不同的认识,进而很难将两种法律选择方法融入同一个法律适用过程之中。为便于展开分析,下文将对"有利于"类型冲突规范进行解构,以《法律适用法》调整涉外扶养关系的第 29 条为例,可以将其拆分为"扶养适用一方当事人经常居所地法律、国籍国法律或者主要财产所在地法律"(规则Ⅰ)和"扶养适用有利于保护被扶养人权益的法律"(规则Ⅱ)这两个单独的冲突规范。规则Ⅰ代表传统法律选择方法或选择适用的冲突规范,规则Ⅱ则是具有美国现实主义法学以及后果主义方法特征的冲突规范形式,两个冲突规范在以下几个方面有所不同:

(1)理论基础不同。规则Ⅰ是传统冲突规范采用的基本形式,构建于"法律关系本座说"之上,这类冲突规范试图通过客观连结点将案件事实与某一国家的实体法联系起来。尽管传统冲突规范受美国"冲突法革命"影响在适用时相较以前更加关注法律选择的灵活性,但在司法实践中,法官仍坚持以法律关系重心地的选法方式作为法律选择的主要形式。与规则Ⅰ不同,规则Ⅱ是以结果选择理论为理论基础,该理论发源于美国"冲突法革命"。因此,规则Ⅱ更注重冲突规范的实用价值,将目光更多投向法律选择过程和结果的合理性与可接受性。虽然冲突规范的形式多种多样,但不论哪种形式,其本质都是试图实现立法者所期望的某一种特定的实质后果。[11]

(2)适用方式不同。在规则Ⅰ的适用中,法官主要结合事实与规范通过演绎推理得出准据法。也就是说,法官在规则Ⅰ的适用中主要比较连结点的数量,无须在选择应当适用的连结点时引入对个案中实体正义与公共政策的考量。同时,为了防止法官无条件地自由裁量,还需要在判决书中对连结点的选择给予说明。[79]

而在规则Ⅱ的适用中，法官通常以逆向推理的逻辑通过比较的方式进行法律选择。不难看出，与规则Ⅰ由个案事实经冲突规范直接得出准据法的推理形式不同，规则Ⅱ的适用是以判决结果为出发点倒推个案应当适用的准据法。

（3）价值取向不同。在规则Ⅰ的适用中，法官需要通过将事实因素进行场所化转换来找寻准据法，虽然这样做可以保证法律规范具有确定性，但同时也有很多学者认为这种做法会导致法官机械地适用法律，无助于实现当代国际私法所追求的实质正义。[80] 而在规则Ⅱ的适用中，法官对于准据法的确定并非经由连结点的指引，而是通过比较的方法，将目光更多聚焦于法律选择的实质正义，最终实现对立法中所规定的特定人群利益的倾向性保护。可以看出，在价值取向上，规则Ⅰ和规则Ⅱ分别代表了冲突法的形式正义追求与实质正义追求。

规则Ⅰ与规则Ⅱ之间存在差异的背后是两种法律适用观念之间的碰撞，从中也可以看出两种法律适用模式之间的紧张关系。当前我国理论与司法实践脱节的一个重要原因就是司法实践中法官秉持传统观念，注重法律选择的稳定性；而学者受美国结果选择理论的影响，力图实现法律选择的合目的性。从我国的司法实践看，法官的做法难以证明其是否实现了立法所设定的保护弱者利益的目的；而学者提出的方法虽然期望实现弱者保护的目的，但由于难以操作，结果并不为法官所接受。

4.3　如何处理两种不同法律适用模式之间的紧张关系

如前所述，规则Ⅰ和规则Ⅱ是两种不同法律适用观念和适用模式的具体表现，我们应该择一采纳还是兼而有之？如果两者之间相互矛盾，我们又该如何调和两者之间的紧张关系呢？

4.3.1 法律论证视野下的"有利于"类型冲突规范法律适用过程

本书认为,在"有利于"类型冲突规范的适用问题上,无论是传统形式主义模式还是实质主义模式都无法解决当前所面临的困境。因此,本书认为应当基于法律适用的一般规律,从法律论证的角度入手尝试协调两种法律适用模式之间的关系。❶ 从法律论证的角度看,"有利于"类型冲突规范的适用过程实际上包含着两个层次:一个是"发现的过程",另一个是"证立的过程"。[34]"发现的过程"指的是法官采用传统法律选择方法找法的过程,"证立的过程"指的是验证找法过程正当性的过程。两者有机统一于同一个适用过程之中,而非相互孤立、各不相容。

如前所述,"有利于"类型冲突规范形式主义适用模式采取司法三段论式的推理形式,关注法律选择过程中的演绎重构,以形式逻辑保证法律选择的客观性与稳定性。形式主义适用模式严格遵循形式逻辑规则,法官在适用冲突规范时以冲突规范和案件事实为大前提和小前提,机械地推导出准据法作为结论即可。然而,形式逻辑规则并不能必然保证法律适用的客观性,法官的直觉或经验会对前提的选择产生一定的影响,进而使结论变得不确定。[81] 以实质正义为衡量标准,司法三段论只能保证法的"发现"过程

---

❶ 关于传统法律选择方法与美国现实主义法律选择方法之间的关系,国际私法学界曾展开过"规则"与"方法"之争的讨论,现在基本的观点是将传统法律选择方法与现实主义法律选择方法有机结合起来,是当今国际私法发展的基本方向。这一点也印证了就"有利于"类型冲突规范的适用而言,将传统法律选择方法与美国现实主义法律选择方法有机结合起来的思路是解决当下"有利于"类型冲突规范适用问题上理论与实践脱节的可能途径。相关讨论参见 Symeon C. Symeonides, Private International Law at the End of the 20th Century: Progress or Regress? Boston: Kluwer Law International, 2000, 133。

的正当性,而很难确保其"证立"过程的实质正义和可接受性。同时,司法三段论一味追求规则性致使其缺乏对小前提本身可能存在差异性的充分考量,比如同样的案件事实在不同法域中的法律性质或法律地位并非绝对等同,理解和认识上的差异就会导致形式逻辑推理出不同的结果。考夫曼(Walter Kaufmann)的观点回应了这一问题,他认为法律的"发现"过程并非一种逻辑的三段论法,而是一种循序渐进的比较过程,是事实与规范相互审视、权衡的过程。[82]

从另一个角度审视"有利于"类型冲突规范的适用过程,存在法律选择的演绎重构和论辩裁量两种不同的进路。传统国际私法理论关注法律选择的演绎重构,淡化辩论在法律适用过程中的作用;而美国现实主义法学认为法律适用过程的重心应当是法庭辩论的过程,驳斥将法律适用过程机械地看作逻辑演绎结构。两种观点反映出法律适用存在逻辑与论辩的客观对立性,但智慧的法学先贤们经过不懈的努力后找到了能够兼容逻辑与论辩的法律推理方法。在这些方法中,阿列克西的法律论证理论告诉我们,法律适用应当包含涵摄(subsumption)和平衡(balancing)两个基本过程。在法律适用的过程中,逻辑演绎并不能穷尽整个过程,这是因为涵摄公式所决定的是逻辑演绎自身的构成,而非关系到对推导出不同演绎结果的逻辑演绎之间的关系。因此,对于法官的判断进行证立仅靠逻辑演绎是不够的,萨尔托(Sartor)认为需要从内部证成和外部证成两个层次进行,内部证成负责以法律公理进行逻辑演绎,然后通过论辩形式对法律公理进行外部证成,这样就可以避免逻辑和论辩之间相互对立。[83]于是,人们对于司法三段论重新进行了思考,传统司法三段论不再是对于法律选择最终结果的确定,而是转为对于大、小前提的确定,同时也抛弃了先前在目的上仅对确定性结论的探求，更多地将目光转向对于推理结构与过程的关注。这种转变反映出法律推理应该跳出形式逻辑的枷锁，通过在法律推理中融入商谈理论与修辞学思想来实现外部证成。由此，"有利于"类型冲突规范的适用过程可以分为法的"发现"与"证立"两个部分，进一步将法的"证立过程"细分为内部证成与外部证成将有助于深化和提升我们对"有利于"类型冲突规范适用过程与环节的理解。

4.3.2 解决两种适用模式之间紧张关系的基本思路

本书认为，"有利于"类型冲突规范的适用模式应将两种适用模式有机地融为一个整体，即应该在保持传统形式主义适用模式的框架下，吸收美国结果选择理论的合理因素。也就是说，法官在按照传统司法三段论进行法律选择的同时，还须将实体规则的内容、立法目的甚至相关政策纳入考量范畴。事实上，结合前文分析可知，国际私法中的规则与方法已不能割裂开进行研究，两者之间是一种辩证统一的关系，对方法的研究会引发对规则的反思，反之亦然。"有利于"类型冲突规范适用模式的理论建构应坚持规则与方法的统一，以形式主义适用模式作为法律选择规则的核心框架，同时在法律选择方法上采纳实质主义适用模式中的合理因素。在此基础上对传统形式主义适用模式进行系统的改造，即通过一定的手段如冲突规范对法官选法中的创造性进行限制，同时也要承认法官在法律选择过程中所具有的主观性。那么，从法律选择中规则与方法相统一的前提来看，"有利于"类型冲突规范适用模式所要面对的挑战就是在法律选择的过程中，既要承认法官具有主观性，还要防止法官自由裁量权的恣意使用，并且要将诠释学思维融入"有利于"类型冲突规范适用模式的建构中，具体思路是：

（1）抛弃传统国际私法在法律选择问题上所采取的主客二分的认知图式，在视域融合的意义上理解法律选择的客观性，形成对"有利于"类型冲突规范法律选择客观性的新理解。在传统的形式主义适用模式下，法律选择被认为是由独立于主体之外的客观因素决定的，在涉外民事法律适用中应排除法官的主观判断介入。而实质主义适用模式则在某种程度上过分夸大了法官的主观判断，导致法律选择的不确定性和不可预见性。"有利于"类型冲突规范适用模式在对待法律选择的客观性上应采取一种商谈意义上的客观性的认识。所谓商谈意义上的客观性，是指要打破个人的主观恣意，认为法律选择是在案件事实、冲突规范以及不同国家实体法共同作用下完成的。

（2）将"有利于"类型冲突规范的适用过程划分为"法的发现"过程和"法律选择正当化"过程两个理性化层次。"有利于"类型冲突规范适用模式应超越传统逻辑涵摄的司法三段论，法律适用过程实际上并非事实与规范之间简单的演绎推理，而是在事实与规范间不断调试的过程。[70] 传统形式主义适用模式尽管遭到人们的批判、质疑，但是从维护法律选择的客观性的角度出发，本书认为，我们并不能完全否定其价值，而是要对其加以改造，赋予其新的理解。

（3）承认法官在法律适用中享有一定的自由裁量权。"有利于"类型冲突规范适用模式应摆脱传统形式主义适用模式片面追求判决结果一致性所带来的问题，更多强调对于实现判决结果的合理性和可接受性的要求，给予法官自由裁量的空间，使法律选择的过程与结果都能获得各方的认可与接受。

（4）在法律选择的标准上，"有利于"类型冲突规范适用模式应摒弃传统的非此即彼的二元思维，承认并不存在一个客观的

"有利于"判断标准,应允许法官在法律选择合法性的前提下享有确定准据法的自由裁量权。法律选择是一种能够体现法官主观创造性的精神活动,而非简单的数学运算。[58]应当承认,随着冲突规范的软化处理,法官在法律适用过程中有多种选择的可能性和裁量权,但同时法官也须承担论证义务,并通过论证程序来排除法律适用过程中的恣意,以此来规范法官法律选择的价值评价。

4.4 "有利于"类型冲突规范适用模式的构造

4.4.1 "有利于"类型冲突规范适用模式的双重理性构架

上文从法律论证角度剖析了"有利于"类型冲突规范的适用过程,接下来我们具体设计一个与司法实践相契合的新模式。

(1)立场选择。本书认为,在"有利于"类型冲突规范的适用模式中,两种推理方式并非择一而选的问题,而需要将二者有机地融合在同一模式之中。后果主义推理对于疑难案件的审理固然重要,但不能夸大其在审判中的作用,而应当与传统法律推理良性互动,形成一个有机的整体,只有这样,才能同时实现法律选择的形式正义与实质正义。在法律选择的理性构架中,后果主义推理应当起到辅助传统法律推理的作用,当传统法律推理无法解决案件时,后果主义推理才有适用的机会。这是因为司法活动需要在法律的框架内进行,如果一味地追求适用后果主义推理,则可能会因为过分关照社会后果而超越现有的法律体系。陈金钊教授形象地将之称为"法律人思维中的规范归隐",[84]他认为后果主义推理在一定程度上将对法律效果产生异化,是对形式法治的背离,同时也是对法律人规范思维的解构以及对法律权威的漠视。[85]因此,后果主义推理并不意味着法官在任何案件中都被允许适用,可能后果的考量也必须接受法律的约束。本书认为,在"有利于"类型冲突规范的适用中,基于规则的传统推理方法与后果主义推理并非势不两立,而是相辅相成的关系。尽管法官在司法实践中有意无意地适用了后果主义推理,❶ 但学术界目前尚未在理论层面对其展开充分的研究,在方法论层面也鲜有成熟的论述。

(2)如何处理二者之间的关系。就"有利于"类型冲突规范的适用而言,法官采用传统法律选择方法"找法的过程"实际上只是其对于个案适用法律的一个初步判断,至于这一判断是否合理以及判决结果是否有利于弱者一方当事人,都需要通过"法律选择正当化"的过程予以验证。因此,"法律选择正当化"的过程不可或缺,是验证判决结果是否有利于保护弱者一方当事人利益的最佳手段。

将法律适用过程划分为"发现的过程"和"证立的过程"是当今法律方法论研究的一个重大发现,为重新认识法律适用过程提供了理论基础。鉴于此,本书认为,对于"有利于"类型冲突规范适用模式的重新认识以及重构都应当建立在此基础之上,沿着"法的发现"与"法律选择正当化"两个层面的思维进路展开。传统法律适用模式通过将法律选择过程"规则化"的方式来保证结果的客观性和正当性,但美国现实主义法学提出的适用模式并不认同这种观点,其认为"规则化"只能保证结果的客观性而不能天然地保证结果的正当性,对结果还需进一步证成。这种质疑

---

❶ 在适用"有利于"类型冲突规范的案件中,有部分案件的法官在进行法律适用时以后果为考量的基础,这是一种典型的后果主义裁判,但由于缺乏科学的方法论指导,因此在进行法律论证与说理时未能实现"有利于"类型冲突规范的立法目的。

也反映出一个关键问题,即若将法律选择视为"法的发现"过程,那么法官又该如何证明法律选择的合理性呢?本书认为,法官适用"有利于"类型冲突规范的过程同时也是进行法律论证的过程,这体现出法律适用模式与法律论证理论之间存在一定的关联性。基于这样的认识,我们可以认为法律选择的过程正是基于以上两者,以对话与论证的形式进行,并且这一过程也将发挥正当化法律选择的作用。

(3)如何证立。那么,我们该如何正当化法律选择过程呢?对于这一问题,本书认为,我们可以采用后果主义推理方法来完成对"法的发现"过程的证立。如前所述,实现弱者利益保护是立法所追求的可欲后果,也就是说,"有利于"的判断应当以可欲后果的实现与否作为标准,从这个意义上讲,这一标准同样适用于检验"法的发现"过程是否具有正当性。"有利于"类型冲突规范的特点之一是在选择适用冲突规范的基础上加入了"有利于"这一连结点。法律关系重心地法是传统国际私法选择适用冲突规范的基本方法,这种方法可以通过连结点的援引,将法律选择的范围限定在法律允许的范围内,但很难确保结果实现了弱者利益保护的立法目的。这时我们便可以运用后果主义推理方法检验结果是否有利于**弱者一方当事人**。操作上,法官首先要依靠法律知识、经验以及直觉等因素对判决可能产生的后果进行预测和评价;然后通过相应的评价标准从这些可能的后果中选取可欲后果,可欲后果成为法官判断判决结果是否有利于弱者一方当事人利益的评价标准。通过上述安排,我们就可以将"有利于"类型冲突规范适用中的传统法律选择方法与后果主义推理方法合理地协调起来,在交融统一中实现法律选择的形式正义与实质正义。实际上,这两种方法并非相互割裂、相互孤立。在"有利于"类型冲突规范的适用中,法官不仅要对客观连结点进行数量上的比较,同时还要考虑判决结果是否能够实现立法所欲实现的后果。所以,这两种方法是相互贯穿于同一个适用过程中的,是一个事物的两个方面,不能割裂开来。

由此,我们便可清晰地梳理出形式主义适用模式与实质主义适用模式之间的关系:以实现法律选择的合法性与合理性为目标,两者相互协作、辩证统一于"有利于"类型冲突规范的适用中,分别发挥"找法"(形式主义适用模式)与"法律选择正当化"(实质主义适用模式)的作用。如此一来,我们便可以从学理上重新认识两种适用模式及其相互间的关系,这有助于我们重构"有利于"类型冲突规范的适用过程,为破解当前的司法困境探索出一条可能的出路。

4.4.2 "有利于"类型冲突规范的适用过程分析

在梳理出两种适用模式的逻辑关系之后,我们就可以谋划"有利于"类型冲突规范的操作问题了。可以说,可操作性问题是理论研究与司法实践产生分歧的核心因素。如前所述,"法律说"与"结果说"遭到质疑的重要原因就是缺乏实践可操作性,无法解决外国法查明和判断标准缺位的问题。

(1)"有利于"类型冲突规范适用过程图解。为了更加清晰明了地进行展示,下面结合"有利于"类型冲突规范拆解分析图 4-1 与司法适用过程分析图 4-2 来具体说明其适用过程。

以《法律适用法》第 29 条为例,可以将其分为代表传统法律选择方法的规则Ⅰ与代表美国现实主义法学方法的规则Ⅱ,从而可以让我们通过图 4-1 与图 4-2 更清晰地展示形式主义与实质主义两种适用模式在司法适用过程中的关系。

第29条　扶养，适用一方当事人经常居所地法律、国籍国法律或者主要财产所在地法律中有利于保护被扶养人权益的法律。

规则Ⅰ：
扶养，适用一方当事人经常居所地法律、国籍国法律或者主要财产所在地法律

规则Ⅱ：
扶养适用有利于保护被扶养人权益的法律

正推法：
个案事实+冲突规范=准据法

逆推法：
个案事实=>可能后果=>可欲后果=>准据法

代表：
传统法律选择方法

代表：
美国现实主义法学方法

客观连结点的适用

"有利于"的适用

图4-1　"有利于"类型冲突规范拆解分析

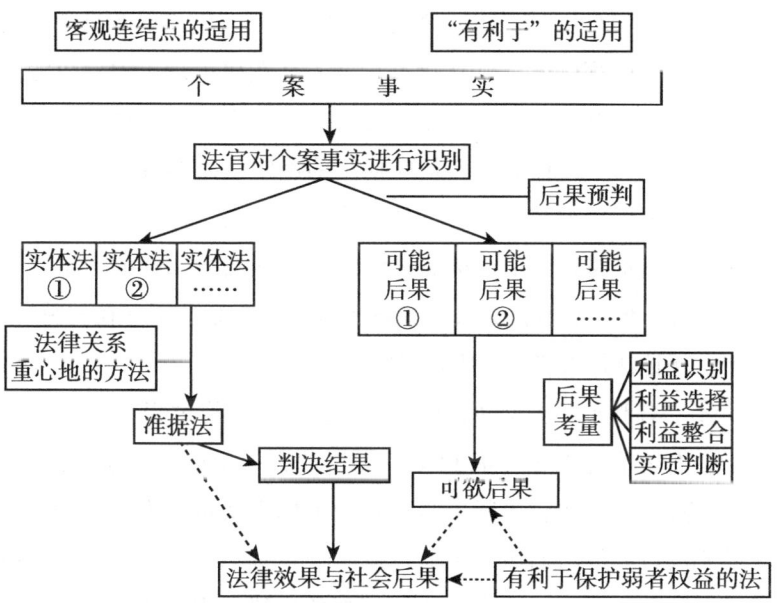

图4-2　"有利于"类型冲突规范司法适用过程分析

图 4-1 主要展示了规则 I 与规则 II 在结构、推演逻辑以及理论基础方面的对比。具体而言，图 4-1 中左边部分主要描述代表传统法律选择方法的规则 I，右边部分主要描述代表美国现实主义法学方法的规则 II。可以看出，规则 I 采用"个案事实+冲突规范＝准据法"的正向推理逻辑进行选法，也就是通过客观连结点寻找准据法；而规则 II 则采用基于后果主义思维的逆向推理逻辑进行选法，即通过主观连结点寻找准据法。

对于具体的适用过程，我们可以借助图 4-2 的分析进行展开。

①"有利于"类型冲突规范法律适用的正推过程。如图 4-2 所示，左边主要描述一个完整的正向选法过程，这也是目前司法实践中法官通常采用的一种模式。在这一过程中，法官在适用"有利于"类型冲突规范时，通常会根据客观连结点的数量来决定选择某一个国家的实体法作为准据法。从逻辑推理上看，法官是根据"事实—客观连结点—准据法"这样一个正向推理路径来选法的。正向选法过程的特点是准据法的确定是由客观连结点决定的，法官无须考虑结果，这也是传统国际私法法律关系场所化法律选择的基本路径。正推选法过程能够保证法律选择的确定性和可预见性，但这种选法方式也暴露出传统国际私法所存在的弊端，即无法保证法律选择的实质合理性。

②"有利于"类型冲突规范法律适用的逆推过程。如图 4-2 所示，右边描述的是"有利于"类型冲突规范的逆向选法过程。在这一过程中，法官实际上是通过逆推的方式得出准据法的，即先从判决可能得出的后果中通过后果考量选择出可欲后果，然后从相关的实体法中寻找支持这一判断的法律依据，即"事实—可能后果—可欲后果—准据法"。在这种模式下，准据法是通过逆向推理得出的。这种模式的特点是从法律选择的结果的合理性和可

接受性出发，为"有利于"类型冲突规范的适用提供实质性的理由。但在这种模式下，由于立法不可能为"有利于"的判断确定一个客观的标准，法官在这一过程中享有很大的自由裁量权，很容易导致法律选择的不确定性。

③如何处理"有利于"类型冲突规范适用中正推和逆推之间的关系。从我国立法上看，《法律适用法》之所以引入"有利于"类型冲突规范，其目的就在于实现对弱者利益保护，保证法律适用符合形式逻辑的要求。本书认为，我们可以将"有利于"类型冲突规范的适用过程划分为两个层次，一个是如图 4-2 中左边描述的"找法过程"，另一个是如图 4-2 中右边显示的"正当化过程"。应当明确的是，这两个过程并不是割裂的，而是统一在一个适用过程中。通过这样的处理，我们就可以很好地理顺"有利于"类型冲突规范适用中正推法和逆推法之间的关系，从而清晰地展示出"有利于"类型冲突规范的适用过程。

（2）简单案件和疑难案件的区分。以上描述了"有利于"类型冲突规范的适用过程，那么是不是每一个案件法官都需要这样操作？本书认为，法官在司法实践中不能一概而论，应当根据不同类型的案件选择相适应的适用过程或者步骤。沿着这一思路，我们可以采用一定的标准将案件区分为简单案件和疑难案件。❶ 在分类标准的制定上，我们可以法官预判的可欲后果是否能够从按照法律关系重心地法（也就是找法的过程）所确定的准据法中推导出来作为分类的标准，当案件中的可欲后果能够直接以此推导出来即为简单案件，反之，则该案可被视为疑难案件。在简单案件中，由于可欲后果是采用后果主义推理方法通过后果预判和

---

❶ 本书对于案件的区分仅限于书中就适用方法的可操作性问题讨论为限，不等同于司法实践中法院对于简单与疑难案件的区分。

后果考量得出的,并不是通过比较不同国家实体法得出的,这样法官就可免除查明和比较外国法的负担。在疑难案件中,由于可欲后果并不能够从法律关系重心地法所找到的法中推导出来,此种情形下法官就不得不在客观连结点指向的实体法中进行比较,看适用哪一个国家的实体法所得出的结果能够产生可欲后果,以此来决定选择哪一个国家的实体法作为最终的准据法。通过上述分析可以看出,法官在处理简单案件时,由于所欲实现的可欲后果可以直接通过传统法律选择方法所确定的实体法得出,由此便可省去对客观连结点所指向的不同国家实体法的查明与比较,有利于提高司法效率。从我国的司法实践看,法官所处理的大多数案件均为本书意义上的简单案件,法官并非在所有案件的裁判中都需要运用疑难案件的适用步骤对相关的外国法进行查明与比较,这也在一定程度上解释了司法实践中法官的具体做法的原因。

(3)适用"有利于"类型冲突规范的操作步骤。根据前文关于案件类型的分类,本书认为在"有利于"类型冲突规范的适用过程问题上,可进一步分为两步进行:

第一步:法官在适用"有利于"类型冲突规范时首先采用传统法律关系重心地的方法确定准据法,若为外国法或外域法,则法官需要进一步查明和适用该实体法进而得出判决结果。然后法官需要判断这一结果是否能够得出依据后果主义推理方法所预判的可欲后果,若可以得出,则法官便完成了"有利于"类型冲突规范的适用过程并作出最终判决。以这样的操作步骤适用"有利于"类型冲突规范,会极大地便利法官的法律选择过程,进一步减轻法官查明和适用外国法的负担,同时也可避免法官在比较外国法或比较适用外国法所得结果时遇到的困扰。若可欲后果不能由法律关系重心地法选出的准据法中得出,则需要进行第二个步骤以确保法律选择朝着实现实质正义的方向迈进。

第二步:由于法官无法从法律关系重心地法所得出的准据法中直接推导出可欲后果,这时他必须通过查明以适用连结点所指向的所有实体法并得出判决结果,再由判决结果进一步得出的后果中寻找哪一个能够与可欲后果相符,并据此确定准据法进而作出裁判。通过对比这两个步骤我们可以看出,在第一步中如果通过法律关系重心地法得出的准据法所推导出的后果与后果预判和后果衡量得出的可欲后果相符,这样法官就无须进行第二步的操作。在第二步中,如果法官通过法律关系重心地法确定的准据法无法取得通过后果主义推理方法得出的可欲后果,这时他就需要利用其他方法来验证法律选择的正当性。为此,法官需要分析比较连结点所指向的不同国家的实体法,查看适用哪一国家的实体法所得后果与可欲后果相符,便可由此正当化其法律选择的过程。这里需要强调的是,本书认为,在"有利于"类型冲突规范的适用中,法官仍需以传统法律关系重心地法作为法律适用的基本方法。从我国的司法实践看,法官在司法实践中还是主要按照法律关系重心地法来确定准据法。而法官若要进行本书所提出的第二步操作应当是附条件的,也就是说,只有当法官遇到疑难案件时,即当法官无法通过后果主义推理方法预测可欲后果或第一步操作所得判决结果与立法目的、立法价值之间不相协调时,才需要启动第二步操作进行法律选择。

综上所述,将"有利于"类型冲突规范的适用过程划分为"找法的过程"与"法律选择正当化的过程",在认识论层面有助于我们更好地厘清形式主义与实质主义两种适用观念或模式之间的逻辑关系,在方法论层面为法官的司法实践活动提供具有可操作性的指引,进而在较大程度上减轻了法官查明和适用外国法的负担。

4.5 小结

当前在"有利于"类型冲突规范的适用问题上,理论与司法实践存在两种不同的观念,这两种不同观念实际上隐含着两种不同的适用模式。形式主义适用模式主张"有利于"类型冲突规范的适用过程就是严格按照冲突规范的援引,进行正向推理的过程。实质主义适用模式则强调法律选择的目的性,认为"有利于"类型冲突规范的适用过程应当是后果主义的逆向推理过程。可以说,当前理论与实践脱节的症结就在于没有理顺两种不同法律适用模式之间的逻辑关系。从法律选择的实质正义和形式正义相融合的立场出发,在"有利于"类型冲突规范的适用上,形式主义适用模式和实质主义适用模式两者之间并非此即彼的关系,而是可以有机地融合在一个法律适用过程中。从法律论证的角度看,形式主义适用模式主要承担"法的发现"任务,而实质主义适用模式则担负"法律选择正当化"的职责。本书主张,根据案件性质的不同,在操作上,对于简单案件,法官只需按照传统法律关系重心地的方法确定准据法即可,但对于疑难案件,法官须进一步通过后果主义推理方式来验证运用传统法律选择方法所得结果的正当性。唯有如此,才能帮助法官正确适用"有利于"类型冲突规范,摆脱目前理论研究与司法实践脱节的窘境,并在理论研究中探寻出一条与司法实践相契合的法律适用模式。

5 "有利于"类型冲突规范适用中的后果考量

5.1 "有利于"类型冲突规范后果考量的路径

如前所述,"有利于"类型冲突规范后果考量要求法官基于自身对社会各领域的认知,以保护弱者权益为取向,主观地对可能后果进行评价,这种以预测为前提的评价显然无法规则化,而只能采用规范化的路径去正当化评价的过程。本书主张,对于"有利于"类型冲突规范而言,从立法引入"有利于保护弱者权益的法"的目的看,"有利于"类型冲突规范适用中的后果考量应通过利益衡量的方式来完成。

5.1.1 利益衡量的概念

利益衡量是指当立法所保护的各种利益之间发生冲突时,由法官对冲突利益进行权衡与取舍以确定其轻重的司法活动。[86]利益衡量理论发端于德国法学家耶林(Rudolf von Jhering)的目的法学,随后利益法学的出现进一步完善了利益衡量理论,德国法学家赫克(Philipp Hecker)通过在利益法学中对法律形式主义进行反思,进而找到了利益衡量的方法。梁慧星教授最早将利益衡量理论经由日本引入我国,其认为利益衡量就是法院对双方的利益进行估量后,考虑应选择哪一方利益进行保护,并根据法律规定进行解释。[87]我国台湾学者杨仁寿认为,利益衡量是指法官在法律解释时,应当跳出逻辑规则的禁锢,站在立法者的立场探寻他们在立法的过程中是如何在各种利益关系之间进行衡量的。[86]

利益衡量理论在司法裁判中的作用主要是帮助法官对案件涉及的各种利益进行考察与分析,并在此基础上对各种利益进行权衡与取舍。利益衡量理论是在对传统概念法学批判和反思的基础上,伴随自由法学的兴起而逐渐进入司法领域的。针对概念法学所存在的问题,以耶林为代表的学者提出了目的法学。目的法学的最大贡献就是将人们从概念法学的传统中拉回对社会生活中现实利益的关注。[88] 20世纪初期,德国法学家赫克提出在司法裁判中关注各种利益的思想流派,并以此创立了利益法学。在利益法学的视野中,法律是对利益的分配和保护,法学最为核心的任务便是帮助法官在无法依靠逻辑推演解决社会需求时,考察和确定立法意图,识别立法所要保护的利益,并主动审视和权衡案件中的各种利益,以便维护立法所欲保护的利益。利益法学派学者主张法官在司法裁判中应当将目光跳出法律规则本身,延伸至当事人实体价值以及广泛的社会现实层面,以此实现在方法论层面跨越传统走向现代的飞跃。[89]利益衡量的核心是强调法官对案件中的利益关系进行思考和权衡,法官由此便可以在实质合理性层面进行司法裁判中的法律适用与法律判断。利益衡量强调法律解释取决于利益衡量的思考方式,即假如某一立法规定存在两种不同的解释,法官究竟要如何解释,只能由利益衡量来决定。[87]拉伦茨也认为，一旦冲突发生，法官在个案中应根据具体情况衡量各种利益的"重要性"，可能的情形无外乎两种，一种情形是某种权利让步于其他权利，另一种情形是两种权利都在一定程度上作出让步。法官此时需要将自己置于立法者之位，对各种相互冲突的利益进行界定并作出裁决。[58]应当承认，利益衡量已经成为法官在司法实践中遇到利益冲突或重叠情况时，用于确定案件推理起点或进行解释和运用的标准时经常会遇到的问题，哪怕法官仅从个案的角度进行审视以判断能够保护利益的最佳方式。[90]

总之，利益衡量方法可以揭示法律冲突的本质是各种利益间的冲突，法官在进行裁判时需要结合个案的实际情况，从微观角度对案件涉及的当事人的各种利益进行权衡，通过法律解释和适用，最终得出判决结果。利益衡量在司法裁判中的使用无疑能够对审理案件起到积极作用，利益衡量作为一种裁判方法，在一定程度上可以超越传统法律适用的一般形式逻辑，即当一个案件不能通过"事实＋规则"的演绎推理解决时，法官可以通过利益衡量以"事实＋规则＋利益"的实质推理来解决。

5.1.2 利益衡量与后果考量之间的关系

利益衡量是一种反向方法，即根据一定的价值观的需求，先确定裁判方向甚至结果，再寻找法律依据。[91]与常规的法律推理模式不同，利益衡量是一种从结果出发的反向推理。从法律方法角度看，利益衡量和后果主义推理都可以帮助法官解决司法实践中疑难案件的法律适用问题。利益衡量方法的运用场景主要是指在根据规则进行推理后存在多个理由可供选择时，法官首先需要在不同的利益之间进行判断与比较，其次通过对利益的权衡筛选出理由，最后确定可适用的法律。而后果主义推理在这里的意义就是可以进一步强调对法律适用所产生的各种可能后果进行预测和评价，并在以法律适用获得可欲后果的基础上，对得出可欲后果的准据法及其选择理由展开论证。利益衡量与后果主义推理之间具有一定程度的关联，两者具有实质意义上的共同意蕴。此外，两者都具有先有结论后寻找法律依据的特性，在思维进路上遵循法律条文服务于判决结果，而非经由法律条文得出判决结果的裁判思路。[92]

本书认为，"有利于"类型冲突规范适用中的利益衡量和后果主义推理之间具有关联性。换言之，利益衡量方法贯彻的是后果主义的思维，而后果主义推理的价值诉求也是通过利益衡量来实现的。进一步讲，法官在运用利益衡量方法时需要依靠对裁判的可能后果进行评价与衡量的方式实现对某种利益的倾向性保护。正是通过后果评价，才可以确定哪种利益是法律适用中需要致力于保护的。从司法实践看，法官对利益冲突的解决离不开对后果的考量和评价。正是这种对后果的考量和评价提示法官应支持某一方当事人的诉求，它反过来指示法律选择应该迈向的方向。与之相应，在后果主义推理方法运用的场合，法官的后果评价的主要目的在于从这些可能后果中挑选出满足保护弱者利益的可欲后果，以此作为法律选择的正当理由。在这一过程中，法官对可能后果的评价和权衡并不是围绕各种后果自身展开的，而是围绕各种利益展开衡量与评价，即某种后果相较于其他后果更具可欲性的原因在于其在实现"有利于保护弱者权益"时具有某些优势性利益。所以，从"有利于"类型冲突规范适用中的辩证推理角度看，利益衡量方法反映出法律选择方法的后果导向特征，法官在进行利益衡量进而得出结论时不能超脱目的合理性的支持。简言之，基于后果论的视角考察"有利于"类型冲突规范的适用过程，法官对各种利益的衡量需要借助对各种可能后果进行考量的方式展开。在"有利于"类型冲突规范的适用中,利益衡量方法的运用扩展或改变了法官的裁判思维及其推理结构。在"有利于"类型冲突规范的适用中,法官在采用后果主义推理正当化法律选择的过程中需要引入利益衡量方法来展开实质衡量。就此而言,法官在适用"有利于"类型冲突规范时对后果进行实质评价的过程本质上就是对各种利益进行衡量的过程,而利益衡量得出的结果决定了某种后果是否具有可欲性。

5.1.3 后果考量采用利益衡量方式的理由

本书认为,在"有利于"类型冲突规范的适用中,法官的后果考量应通过利益衡量的方法来完成。之所以如此,主要基于以下几个方面的因素:

(1)"有利于"类型冲突规范的立法目的。如前所述,《法律适用法》之所以采用"有利于"类型冲突规范这种立法形式,其根本目的是保护弱者一方当事人的利益。但弱者一方利益并非独立存在的,其必然存在与他人利益之间的冲突。换言之,之所以要在"有利于"类型冲突规范适用中采用利益衡量的方法,其根源就在于法律所调整的这些利益之间存在冲突的情形。从根本上说,法律就是一种利益表达和保障机制,就是利益问题的一个关系框架,如果抛开利益关系进行讨论,那法律似乎也就失去存在的必要性了。[93]然而,我们也应清楚地看到,作为法律调整目标的利益关系其实是一个存在大量内部矛盾与冲突的系统,现实生活中各种利益并非相安无事,而是彼此之间相互冲突。

(2)司法过程的性质以及法官的职责。法律是一种重要的利益调控机制,其基本使命就是事先预防冲突,事中或事后平息冲突。[94]可以说法律冲突的本质就是利益冲突,而司法过程的本质就是对冲突利益的识别、评估与再分配。[95]在涉外民事争议中实际上存在多种利益关系，如社会利益、当事人利益以及交往利益等，但《法律适用法》在立法中引入"有利于条款"的目的在于向弱者一方当事人利益倾斜，弱者一方当事人的利益得到妥善的保护是决定选择何种法律的首要考量因素。

（3）冲突规范自身的构成决定利益衡量的必要性。"有利于"类型冲突规范既包含多个客观连结点，也包含像"有利于"这样的主观连结点，这势必会导致在准据法的选择上存在多种可能性，这时法官只有通过利益衡量的方法才能最终确定准据法。一方面，就"有利于"类型冲突规范而言，立法中规定了多个连结点，可能会导致在司法裁判中指向多个国家的实体法作为准据法，在这种情况下，到底适用哪个国家的实体法作为准据法，必须视具体情况而定。另一方面，"有利于"的判断的模糊性使其离不开利益衡量的方法。"有利于"的表述如同"合法权益""利害关系"等立法语言，在立法中属于一般性表述，往往被赋予原则性的意义。这些概念通常不具有确定性，在司法实践中立法者很难在立法时对各种利益进行预设，他们只能依据先前经验对利益进行总体性的归纳，这就导致利益会出现多样性以及相互之间发生冲突的可能。当利益之间发生冲突时，利用利益衡量平衡各种利益之间的关系便成为法官必须做的事。

5.2 "有利于"类型冲突规范后果考量的特点

对于"有利于"类型冲突规范适用中后果考量的特点，我们可以从方法和思维两个维度来理解。

5.2.1 个案性与普适性

个案性主要集中在后果考量的方法属性上。"有利于"类型冲突规范适用中的后果考量采用利益衡量方法，就是指法官须"根据法律分析案件事实，寻求解决纠纷的方法，或者说是把法律内容用到裁判案件中的方法"。[96]普适性主要集中在后果考量的思维属性上，它要求法官在解决个案纠纷时尽可能地考虑个案的判断是否能普遍适用于同样类型的案件，以便为今后处理同类型的案件提供参考。

5.2.2 主观能动性与情理法兼顾性

"有利于"类型冲突规范适用中的后果考量，要求法官在法律适用过程中在案件事实与冲突规范之间，比较衡量各种利益，在情、理、法之间探求最为妥当的结果，只有这样，法官才能在法律选择的过程中实现"法律效果"和"社会效果"的统一。后果考量追求的是合法、合理、合情，法官个人的主观判断并非影响后果考量的唯一因素，也就是说，法官的主观价值判断还须受到情理法的约束。后果考量思维要求"有利于"类型冲突规范的适用过程和结论应当具备合法性，应当注意，这种合法性不再是实证法范畴内的狭义合法性，而是一种包含合理性、客观性以及正当性的更广泛意义上的合法性。如此一来，传统形式主义思维的禁锢才能被打破，法律选择的实质正义才能被实现。

5.2.3 过程的合法与考量因素的客观

作为一种法律方法，"有利于"类型冲突规范适用中的后果考量首先应当在法律的框架内进行，整个后果考量过程必须严格遵循法律规定，法官自由裁量权的行使应限制在法律允许的范围内，并且后果考量的结论必须有法律上的根据，能够被法律证明。只有这样，才能保证法律适用的合法性。然而，法官在运用利益衡量方法预判和评估结果时所要考量的因素是复杂多样的，如法律相关因素、现在和将来政策性或公共性问题等。

5.2.4 结果取向性与结论妥协性

从思维方式上，"有利于"类型冲突规范适用中的后果考量是在有利于保护弱者权益原则的支配下，以特定结果的实现为目的取向，采用逆向推理的思维路线，具有预决性与逆向推理的特点。司法实践中，法官在对待利益冲突与权利冲突问题上不可能简单地以"非此即彼"或"你死我活"的方式处理，他必须在相互冲突的利益中进行裁量。这就要求利益各方相互忍让，有所节制。因此，后果考量往往是一种妥协的结果，法律适用的结果也并非完全的对与错，而是相对的。

总之，"有利于"类型冲突规范适用中的后果考量兼具方法和思维上的双重属性。与传统的三段论思维不同，"有利于"类型冲突规范适用中的后果考量是以结果为取向的思维。所谓结果取向，就是法官把因其决定所产生的社会影响考虑在内，当存在多种可供选择的方案时，从中选择出能够产生较好社会影响的方案。[64]

5.3 "有利于"类型冲突规范后果考量的步骤

在"有利于"类型冲突规范的适用中，法官的后果考量过程主要依循以下四个步骤：

5.3.1 利益识别

利益识别是指在"有利于"类型冲突规范的适用中法官对各方当事人的利益需求、利益事实进行证立、认知的过程，其是"有利于"类型冲突规范适用中后果考量的首要环节，在这个过程中，法官经过法庭辩论，要对案件中存在的各种利益需求予以收集、归纳、分类。利益识别是利益衡量的前提，法官只有先通过法庭调查，才能了解当事人各方的利益诉求，从而将各种利益诉求反映到后果考量中。总的来说，法官在进行利益识别时应注意以下几个方面：

（1）利益识别以利益表达为前提。利益表达是指在"有利于"类型冲突规范的适用中，当事人通过一定的途径向法官提出自己的利益需求，以期获得法官的接受，从而转化为司法机关的主张。为了达到这一目的，有必要建立完善的利益表达机制，不但可以让法官更全面地了解当事人的利益需求，同时也可以让涉案各方当事人参与其中，充分表达自己的利益诉求。

（2）利益识别须避免价值评价。在这一过程中，法官应保持客观中立的立场来进行利益识别，避免加入自己的主观价值评价。因为一旦法官对某个利益加入自己的主观评价，就有可能难以确保对各项利益的平等对待。

（3）利益识别须揭示利益类别。法官在进行利益识别时需要依据一定的标准将案件中的各种利益分门别类，因为只有这样，才能更清晰地识别各种利益之间的关系，进而区分各种利益之间的异同，以便进一步甄别和挑选所要保护的利益。

（4）利益识别的程序须公开公正。法官可通过多种途径进行利益识别，例如，当弱者一方在国内有经常居所时，法官可以进行走访调查，了解更多弱者一方可能的利益需求，或在一些疑难案件的审理中向公众收集相关信息等。当下社会具有极强的开放性，能够进行利益识别的途径或手段非常丰富，但无论采用何种方式，都需要保证程序的公平、公开与透明。

（5）利益识别的方法须多元化。实证分析法强调以客观的视角实地观察和感受所要分析的对象，不以探求事物的本质为目的，实事求是，注重分析结果的可检验性，是法官进行利益识别时所采取的主要方法。当然，除实证分析法外，为了使识别的结果更加客观公正，利益识别还可以采用逻辑分析、比较考察等多种方法。

5.3.2 利益选择

利益选择是指法官在"有利于"类型冲突规范后果考量时要面对不同类型的利益,这时他需要筛选出值得优先保护的利益,去除法律不予保护的利益,并且在各种利益中寻找能够共存或可以被取代的利益,以及判断这些利益是否符合社会主流价值观等。利益选择的特点是对利益冲突进行比较、评价和权衡。在"有利于"类型冲突规范的后果考量中存在多种多样的利益种类,并不可能让所有的利益都得到保护,这时法官就需要从众多的利益中筛选出最有价值、最值得保护的利益,然后按照相应价值位阶进行排序。"有利于"类型冲突规范后果考量中的利益选择有以下三个特点:一是利益选择须以一定位阶排序为基础。法官进行利益选择的基础或前提是各种利益之间存在一种排序关系,法官以此来确定对各种相关利益的保护顺序,进而考虑哪些利益需要优先保护。在这一过程中,当两种利益发生冲突时,法官需要根据利益所蕴含的价值来决定其保护的先后顺序。二是利益选择本身是一种价值判断。实践中,法官需要在各种利益关系之间进行比较衡量,所依据的标准或准则即弱者利益保护原则。三是利益选择可能受到一定社会条件的制约。社会是不断发展、变化的,在不同的阶段由于经济、文化、历史等方面的因素各不相同,因此对于各种利益的诉求、重视程度以及保护范围也会随之改变,这就需要在进行利益选择时考虑当下的社会背景和条件。

5.3.3 利益整合

"有利于"类型冲突规范后果考量中的利益整合是指在承认各方当事人虽具有不同的利益追求,但根本利益不相冲突的前提下,以弱者利益保护原则的实现为价值追求,以当事人各方共同意志的形成为目标,对各种冲突利益进行价值判断并整合的过程。与利益选择相比，两者都需要进行价值判断且同为实现利益平衡的关键环节，但在目的性方面，利益选择更多的是实现对不同利益之间的取舍，而利益整合则试图通过博弈或妥协等方式平衡各种相冲突的利益。

"有利于"类型冲突规范后果考量中的利益整合具有以下两个特点：一是利益整合需要以弱者利益最大化实现为目标。如果两个冲突的利益中一个受法律保护，而另一个不受法律保护，则法官就可以据此作出取舍。但是，这些利益冲突通常具有多元化的表现形式，致使法官无法通过传统的利益分类方式将冲突利益一一分解，这就需要法官以弱者利益最大化为目标，促进各种利益的最大化整合。二是利益整合需要以利益妥协为手段。利益妥协是利益整合的重要手段，其旨在实现各方当事人之间相互退让、求同存异的平衡状态。如果各方当事人针锋相对，无法合作共赢，那么也就不存在利益妥协的前提。此外，利益妥协还意味着各方利益需要统筹兼顾，如果存在利益的位阶之分，则要在保护高位阶利益时兼顾低位阶利益；如果各种利益为同等利益或不分位阶，则要结合立法所要保护的利益价值以及各方利益的妥协程度进行考量，尽量做到兼顾各方利益。利益妥协通常也意味着利益保护发生了倾斜。在"有利于"类型冲突规范的适用中，立法目的明确要求向弱者一方进行利益倾斜，无疑是为了更为顺利地缓和各方利益间的冲突，同时也可以在法律上缩小强势方与弱势方之间的差距，只有达到相对平等的状态才能实现弱者利益保护的最大化。

5.3.4 实质判断

经过利益选择和利益整合，法官基本上就形成了具体个案"有利于"的实质判断。"有利于"类型冲突规范后果考量中"有利于"的实质判断不可能一蹴而就,法官在作出"有利于"的实质判断后除需要检验和矫正外,可能还需要反复权衡和选择。本书认为,"有利于"类型冲突规范后果考量中"有利于"的实质判断的检验与矫正可以通过下列步骤来进行:首先,法官可以将"有利于"的实质判断结果与通过法律关系重心地法得出的初步结论进行比较,如果二者能够统一起来,那么"有利于"的实质判断便具有法律依据的支撑,然而这一判断并非最终的结论,若要使其成为能够支撑实质判断的法律依据,还需对其进行充分的分析论证。其次,如果发现"有利于"的实质判断与法律关系重心地法得出的初步结论不符,则法官就需要进一步的工作使二者统一起来,即若法官在作出"有利于"的实质判断后无法找到能够支撑的法律依据,那么这个实质判断就无法满足合法性要求,这时法官就需要重新进行"有利于"的实质判断。[97]

5.3.5 举例说明

为了更清楚地展示"有利于"类型冲突规范后果考量的过程,下面结合一个模拟案例❶对这一过程的操作步骤加以说明。

(1)案件事实。案件的原告方为香港户籍未成年非婚生儿子甲亚某某及其内地户籍母亲乙某,甲亚某某自出生起便随母亲乙某共同居住于内地,其母乙某在家全职养育甲亚某某,以投资等渠道获得固定收入,主要财产所在地在内地;案件的被告方为甲亚某某生父甲某,其为香港地区永久居民,在香港有家室并育有多名子女,因经商需要常年往返于内地与香港,个人年收入数百万元港币,但在内地没有经常住所地,主要财产所在地在香港。原告在本案中的

---

❶ 该案例源于叶竹盛在《寻找"更有利的法":比较型冲突规范的司法困境及出路》一文中的虚拟案例。参见叶竹盛:《寻找"更有利的法":比较型冲突规范的司法困境及出路》,载《现代法学》2017年第5期。

诉求为：确认其具有儿子的抚养权，以及要求被告支付抚养费。

（2）后果考量过程的具体步骤。

第一步：利益识别。本案主要是亲权利益冲突引发的争议，其中涉及财产利益和非财产利益。利益冲突主要集中在以下两点：一是有关抚养权的问题，也就是本案中哪方监护人享有儿子的抚养权；二是抚养费的问题，可以进一步细分为给付标准、范围、比例以及支付方式等问题，可能还包含儿子甲亚某某成年后是否继续给付抚养费等问题。

第二步：利益选择。在识别完各方利益之后，由于立法对于各方当事人之间的利益关系已经明确作出了向弱者一方当事人利益倾斜的安排，因此法官在进行利益选择时主要比较权衡的是弱者一方当事人利益的类型和层次。在本案中，被抚养人的利益分为不同层次，在考虑何种后果更有利于弱者一方当事人的利益时，应按照利益的层次划分考虑被抚养人最优先保护的利益。具体来讲，本案中，法官应当优先考虑被抚养人甲亚某某是否能够获得抚养的问题，也就是抚养权分配的问题，接下来要考虑在确定抚养权时是否能够让被抚养人获得最佳利益的问题；然后是有关抚养费的问题，应当首先考虑抚养费的支付标准或范围问题，其次是抚养费的支付分配问题，最后是抚养费的支付保障以及被抚养人成年后是否继续支付等问题。

第三步：利益整合。本案利益整合主要包括三个方面：

①抚养权的归属。本案被抚养人是非婚生子，非婚生子享有与婚生子女相同的法律地位在世界各国已经达成共识，因此无论是原告还是被告都应承担抚养义务。那么，本案抚养权到底归原告还是被告呢？从保护弱者一方当事人的利益出发考虑，一方面被告已经结婚，将被抚养人判给被告难以融入其家庭；另一方面

被抚养人还未成年，并一直与原告生活，从有利于被抚养人的生活和感情维系角度出发，将抚养权判给原告更为合理。

②抚养费给付标准。由于内地和香港的生活水平不同，两地对于抚养费的给付标准也存在差异。内地法院主要以子女的实际需要、当地平均生活水平以及父母双方对抚养费的负担能力为判断标准。与内地法院不同，香港地区法院认为不论被抚养人跟随哪一方抚养人生活都应获得相近的生活水平，这样才能保证被抚养人获得应有的生活条件。该案中，选择香港地区的抚养费给付标准显然更有利于保护弱者权益，因为被告甲某数百万元港币的年收入无疑更有利于被抚养人利益的保障。

③抚养费支付保障。在抚养费的给付期限方面，内地与香港的规定同样存在差异。内地法院对抚养费给付的期限通常规定至子女满18周岁为止。如果成年子女因在校读书，或因丧失劳动能力不能独立生活，或尚未完全丧失劳动能力但其收入不能支撑其独立生活，或确无法独立生活时，父母在具备继续支付抚养费能力的前提下，须继续向被抚养人支付生活必需的抚养费。在这一问题上，香港地区法院通常也以未成年人成长至18周岁作为抚养费支付的期限。当成年子女仍处于全日制教育或其他职业培训教育阶段时，父母须继续支付抚养费直至该教育阶段结束。

在本案中，由于内地和香港的支付保障基本是一致的，因此抚养费的给付期限定在18周岁是比较合理的。

第四步："有利于"的实质判断。经过利益选择和利益整合，我们可以看出，从总体上讲，对于本案的利益冲突，这样的处理方式是合理的、可接受的，即抚养权归原告，被告应该承担抚养费，抚养费按照香港地区的标准支付，给付期限直到被抚养人18周岁为止。这就是立法所追求的保护弱者利益所欲实现的效果，同时也是后果考量所要确定的可欲后果。

当然，这一实质判断还需要得到法律的验证，从而将事实判断转化为法律判断。从本案看，上述后果考量的结果也能够得到香港地区法律的支持，如果适用香港地区法律，被抚养人在获得抚养的同时，还有可能获得更为有利的抚养费给付标准，这无疑将更有利于保护弱者一方当事人的利益。

5.4 "有利于"的判断标准和方法

"有利于"的判断标准是"有利于"类型冲突规范后果考量中的一个核心问题，可以说"有利于"类型冲突规范适用中弱者一方当事人的利益是否得到"有利于"的保护在某种程度上取决于采用了何种判断标准和方法。

5.4.1 利益衡量的标准问题

如前所述，"有利于"类型冲突规范后果的考量是通过利益衡量完成的，那么，利益衡量是否存在客观标准呢？关于利益衡量的标准问题，法学上最具代表性的学说主要有德国利益法学、庞德的社会学法学以及日本利益衡量理论。

德国利益法学[98]认为，利益衡量应当以立法者的价值选择为主、法官的个人评价为辅。法官在具体运用时，应当首先就案件事实是否与法律规定的事实相符加以判断。若相符，则依法律规定作出裁判。若不符，法官则需要继续深挖案情，厘清案件中各种利益之间的关系，进而确定利益衡量的标准。也就是说，法官在确定利益衡量标准前首先要考察在法律体系内是否已有其他法律对同样的利益冲突以其他事实构成的形式加以规范。如果有，则法官就要将此法律规范的价值判断运用到实际的案件中，以同样的利益衡量标准对同样的利益冲突进行裁决。赫克认为，对法官的利益衡量要加以严格的限制,首先,要有法律的明确授权,只有当法律规定不明或存在矛盾的情况下才可以加入法官的个人判断;其次,法官要像立法者一样思考在这种情况下该如何进行利益取舍,并以此作为利益衡量的标准对各种利益冲突进行衡量以作出最终裁决。利益法学的利益衡量标准总体上讲属于法律体系之内的标准,在具体适用上更加注重法官对法律的遵从。

庞德的社会学法学[99]主张利益衡量应当建立在具体的利益类别纲目分类之中,他将利益区分为个人、公共以及社会三个大的类别,再进一步细化为若干小的类别,进而形成了一种类似元素周期表的利益分类体系。庞德在利益分析表中并未给出一个明确的、一成不变的衡量标准,也没有给出一个各种利益之间绝对的位阶,而是要通过分析进行利益衡量。庞德提出的三种利益类别中,他认为应当将社会利益置于首位,但也不能忽视其他利益。他认为利益衡量所应追求的是达到一种利益均衡的状态,为了实现这一目的,他总结了两项原则:一是在进行利益衡量时,需要将个人利益置于社会利益的背景下进行考量,并且两种利益要置于同一水平;二是要追求最大的效益,在进行利益衡量时要以消耗最少利益同时获得整体利益最大化为目标。庞德主张的利益衡量方法显然已经超出了法律规则体系,对于整体社会效果或社会利益的保护无疑有着积极的意义。

日本利益衡量理论主张应当基于普通国民的立场并且超越一般的法律规则进行考量,日本利益衡量论者[100]认为,国民意志在裁判中的作用应高于法律构成或立法者之意。在衡量标准问题上,日本两位代表性学者加藤一郎与星野英一有着不同的看法,两人虽然都主张利益衡量理论的利益衡量标准是一种外在于法律的衡量标准,但加藤一郎认为这种利益衡量标准是完全外在于法律的,而星野英一认为虽然衡量标准外在于实体法规定，但仍应在自然法的价值体系之内。不过两人在对利益衡量过程的认识上并不存在分歧，都认为司法裁判所能产生的社会影响以及其结果本身才是利益衡量的标准。尽管日本利益衡量理论认为法官可以超越法律规则获得更大的自由裁量空间，但其未能给出如何应对法官滥用自由裁量时的防范策略。

从以上三种不同的利益衡量标准我们可以看出，在利益衡量标准的确定上，如何理顺法官的个人价值判断和法律规则之间的关系是问题的核心所在。以德国和日本的理论为例，德国利益法学认为法官在利益衡量中应当受制于法律规则，日本利益衡量理论则认为法官可以在利益衡量中以自由裁量权调整依据法律规则得出的适用结果。尽管存在差异，但从更为宏观的视角审视，三种利益衡量标准都恪守中立，既不像概念法学那样固守制定法作为利益衡量的标准而排斥法官的个人价值判断，也不像美国现实主义法学那样完全遵循法官的个人判断，而是寻求在法律规则与法官的个人价值判断中找到一个平衡的状态。总之，利益法学对于利益衡量的判断标准问题并未给出直接的回答，而是采取了回避的态度。原因在于，利益法学更像是一种思维方法，抑或提供一种法学研究的观察视角或研究范式。它不可能，也没有办法给人们提供一种固定不变的模式或标准来指导法律实践。

5.4.2 "有利于"的判断标准问题

从上述对于利益衡量判断标准的分析可知，要想通过立法的方式为"有利于"的判断确定一个一成不变的判断标准显然是不现实，也是不可能的。那么，我们该如何看待"有利于"类型冲突规范后果考量中"有利于"的判断标准呢？本书认为，我们无法通过立法的方式为每一个案件提供一个确定的判断标准，而只能确定个案判断标准的规则。

（1）针对个案的衡量标准。"有利于"的判断标准并非寻求一种适用于所有案件一成不变的统一标准，而是寻求依据个案特征作出符合个案需求的衡量标准。法学先贤们也曾致力于通过抽象利益位阶的方式提出统一的利益衡量标准，庞德为此制定出系统性的利益类别纲目，虽然他没有给出一个明确的评价标准，但他的理论所追求的是一种均衡的保护，一种在利益次序保护上的统一标准。然而，对利益次序保护的统一标准更适合作为价值评价的原则，而非评价的标准。因此，本书认为，"有利于"类型冲突规范后果考量中"有利于"的判断标准不应寻求一种可以通约所有案件或所有利益的统一标准。

（2）体系化而不是单一指标的判断标准。"有利于"的判断模式可以分为单一模式与分类模式两种。单一模式试图构建一个基于单一衡量原则且统一的衡量公式。与之相反，分类模式认为无论是从判断标准还是从操作方式看，"有利于"的判断标准都无法形成一个统一的模式，应当基于个案的积累构建不同类型的判断模式。❶ 那么，"有利于"类型冲突规范后果考量应当采取哪种模式呢？本书认为，"有利于"的判断应当采用分类模式。原因在于，"有利于"类型冲突规范适用中的后果考量不仅要对实体法律规则进行权衡，同时还要对判决产生的社会后果、法官的个人价值判断等多方因素进行综合考量，并且这些因素及其所产生的作用之间并没有形成统一的模式，因此"有利于"类型冲突规范不适合采用单一判断模式。

（3）以实现形式合法与实质合理统一为目标。在"有利于"

---

❶ 关于这一分类的详细述评见：徐继强. 衡量的法理——各种利益衡量论述评［M］//陈金钊、谢晖. 法律方法（第九卷），济南：山东人民出版社，2009：332.

类型冲突规范适用中为什么要进行后果考量，其最初的目的就是解决传统法律选择方法无法证明实质合理性问题，然而这并非代表在此过程中就无须确保其形式合理性，而是需要在后果考量中使两者达到一种平衡的状态。从前面的分析可知，在国际私法的发展过程中，传统法律适用模式追求的是形式合理性，而实质主义法律适用模式则追求极端的实质合理性。传统形式主义适用模式要求法官严格按照冲突规范确定准据法，但仅仅依靠冲突规范并不能保证结果的合理性；而实质主义法律适用模式以极端的方式追求实质正义，但存在的问题是有时候难以防范法官的恣意。所以，"有利于"类型冲突规范的后果考量应尽可能地寻求二者之间的平衡，法官在经过后果考量作出"有利于"的实质判断以后，不能以此直接得出准据法，还必须找到相应的法律根据进行支撑。

（4）以追求最优司法判决结果为目标。"有利于"类型冲突规范适用中的后果考量之所以要超越法律对案件进行复杂的分析，其目的就是获取一个更优的司法判决结果。首先，最优的判决结果要具备合法性，即不违背法律的明确规定；其次，最优判决结果应当是一个最优的利益保护方案，这个保护方案需要同时满足两个条件，即在微观视角，最优判决结果不仅要有利于保护弱者一方当事人的合法利益，同时，在宏观视角还须以各方当事人整体利益最大化的实现为目标。[101]简言之，"有利于"类型冲突规范适用中的后果考量应当体现最优判决结果的内在要求，以实现个案的最优判决结果为目标。

5.4.3 "有利于"的判断方法

"有利于"类型冲突规范后果考量中"有利于"的判断不仅涉及定性问题，同时还可能会涉及定量问题，如抚养费给付标准等问题。传统法律方法擅长定性分析,但欠缺定量分析的功能,所以"有利于"的判断除了坚持传统的法律分析方法,还需要借助经济分析方法和博弈论分析方法。

(1)坚持传统的法律分析方法。法学在漫长的发展进程中吸收了哲学、伦理学、政治学以及社会学等多种学科的知识与研究方法,其中很多已经成功地融入法律中,形成了如法的价值、实证、规范、社会等多种分析范式,同时也孕育出法的解释、推理以及利益衡量等具体方法。因此,对于个案的判决而言,其往往会受到法律、政治、社会等多方面因素的影响,法官需要衡量各种利益间的关系,其目的是将各主体间的利益依据法定价值进行再分配,所以对于"有利于"的判断标准应当是一种能够体现出不同利益法定价值的抽象标准,以及能够实现利益间精准分配的具体量化指标。这些量化的指标要满足两方面的要求:一是能够用相关的数据来证明衡量标准的"合法"、"公平"和"正义";二是能够标示出"合法"、"公平"和"正义"的程度。"有利于"的判断中量化指标的程度显然无法运用传统法律方法进行度量,需要运用定量分析的方法。因此,在"有利于"的判断方法上,我们不能仅限于采用法学方法,还可以引入经济学分析方法和博弈论分析方法,以补充法学方法在定量分析方面的不足。

(2)运用经济分析方法。作为法学发展史上一个里程碑式的重大创新,经济分析法学派突破了传统法学流派的方法论和价值观。[102]经济分析法学将经济学的"效率"概念引入法学分析方法之中,并将其作为经济分析方法的关键考量因素,以"成本-收益"分析方法作为分析法律问题的基础工具,以期实现法律的"收益最大化"。相较于传统的法律方法,经济分析方法在定量分析方面具有明显的优势,能够为法律问题提供更加精确的分析工具，凭借全新的研究视角以及评价标准体系使其成为传统规范分析的有机补充。在婚姻家庭领域，我们常常遇到这样的情况，即存在两个或多个相互间存在冲突且难以协调的利益，并且这些利益在法律体系中都能够找到应当受到同等保护的理由，传统法学分析方法由于缺乏实证依据，在面对这种情况时就显得无能为力。这时，通过经济分析的方法可以很好地确定衡量冲突利益的标准。比如，我们可以借鉴经济分析方法中的最佳效率概念，当事物的边际成本与边际收益处于均衡状态时，两者共同收益才能获得最大化。基于此，通过抽象的、道义性的标准来确定要保护的利益便很难获得最佳效率，而应以能否实现弱者当事人利益最大化以及能否达到一种均衡状态来决定利益保护方案。如此，我们便可以用具有可实践的量化分析替代抽象的思辨作为"有利于"的判断标准。例如，在离婚父母对子女抚养费的分担上，我们就可以根据父母双方各自的工作、生活环境等因素来确定各自应当承担的数额。应当注意的是，法学与经济学在学科上的差异客观存在，因此经济分析方法在解决法学问题上并非万能。因此，我们只能借鉴经济学分析方法来完成"有利于"的判断，因为在"有利于"的判断中并非仅涉及相关的物质性利益，像精神利益等非物质性利益就无法精准量化，如父母子女的感情问题就不可能通过量化的方式来确定。所以说，"有利于"类型冲突规范适用中"有利于"的判断采用经济分析方法不是没有限制的，而是有其特定的适用范围的。

（3）运用博弈论的分析方法。博弈论是应用数学的一个分支，目前已广泛应用于法学领域，成为法律问题的有利分析工具之一。由于博弈论使用了严谨的数学模型，研究冲突对抗条件下的最优决策问题，这就为我们提供了一种具有实用价值和可操作性的分析工具，从而能够帮助我们作出最优的后果考量。在"有利于"类型冲突规范的适用中，法官采用博弈论的工具进行"有利于"的判断，就是要将当事人利益、社会利益以及制度利益等各种利益综合考量，以期获得较为合理的答案。司法实践中，法官采用博弈论进行"有利于"的判断可以借助两种最有力的分析工具：一是纳什均衡。作为博弈论的重要概念之一，这一理论认为当每个参与人都付出全部努力，且无人愿意主动作出改变时，博弈的结果具有最大可接受性。[103]在"有利于"类型冲突规范适用中"有利于"的判断上采用纳什均衡，就是将各种可能后果及其效果进行比较分析，并利用纳什均衡的图式找到均衡点，进而从中选出最具可接受性的方案。二是帕累托最优。其与纳什均衡一样都是博弈论中的重要概念，是指各种资源达到最优分配的一种状态，我们可以利用帕累托最优实现利益的最大化。也就是说，当一个博弈达到帕累托最优状态时，各方利益形成一种均衡对峙，这时任何一方若想获得更多利益就必须损害其他相对方的利益。[104]在"有利于"类型冲突规范的适用中，虽然立法要求法官在后果考量时侧重于保护弱者一方当事人的利益，但这并不意味着弱者一方当事人的所有诉讼请求都能够得到满足，当有些请求不符合法律要求，或损害了另一方当事人的根本利益的时候，这样的请求也不会得到法院的支持。应当明确帕累托最优的核心理念在于实现总体利益的最大化，而非弱者一方利益的最大化。

5.5 "有利于"类型冲突规范后果考量的原则

"有利于"类型冲突规范的后果考量带有很强的主观性以及利益的不确定性和位阶的局限性，我们无法给法官提供一套利益衡量的判断标准体系,但这并不意味着法官可以任意而为。进一步讲,法官在运用利益衡量方法时须遵循一定的原则,通过将其具体化的方式克服非理性因素。本书认为,"有利于"类型冲突规范适用中的后果考量,法官应遵守以下几项原则:

5.5.1 统筹兼顾原则

统筹兼顾原则是指在"有利于"类型冲突规范适用中,法官应在全面审视案件中所有当事人的利益和价值的基础上,尽可能实现各种冲突利益的相容并存。

(1) 统筹兼顾就是指法官不仅要考虑案件中某一方的利益,同时还要考虑其他当事人的利益,必须明确这些利益之间的关系以及他们在法律价值体系中的位阶,尽可能满足各方当事人的利益需求,以实现各方当事人利益的"共赢"。

(2) 要保护好弱者一方的利益。这里的弱者是指家庭、社会中的特殊群体,因而,在法律制度中应给予他们差别对待,帮助他们改善处境,这才是正义。[105]

(3) 要兼顾其他因素。在"有利于"类型冲突规范的适用中,冲突规范只能起到援引的作用,法官在价值判断上享有一定的自由裁量权,但这种判断也不是任意的,而是要受到法律目的、法律评价、法律体系的约束,尽管各种考虑因素间可能存在冲突,但也应尽可能涵盖法律逻辑的、习惯的、历史的评价因素,以及法律的确定性和灵活性、法律的形式与实质等因素。

5.5.2 轻重权衡原则

统筹兼顾原则的实现可以说是后果考量能够达到的理想状态,但实际上在"有利于"类型冲突规范的适用中往往会遇到"鱼和熊掌不可兼得"的两难境地。这时法官就需要借助轻重权衡原则审视各方当事人之间的利益关系,从中进行取舍,优先考虑弱者一方当事人的利益。换言之，轻重权衡就是要考虑权利与利益的位阶。在具体的案件中，由于各种利益关系间的轻重对比往往具有动态性，法官须根据具体情况具体分析，不能一概而论。[106] 通常情况下，这种位阶包含三个层次：一是公民基本权利高于一般权利；二是人的权利高于物的权利；三是人的物质权利高于精神权利。但应该注意的是，这样的位序并非一成不变的。

5.5.3 利益最大化原则

利益最大化是经济学中采用的一种经济分析方法，意指利润最大化，引申到"有利于"类型冲突规范适用的后果考量中，就是要在诸多矛盾中分清楚主次，抓住矛盾的主要方面，在实现弱者利益保护的同时，最终达成利益的优先配置。就个案而言，"有利于"类型冲突规范适用中的后果考量承载多种目的，法官需要尽可能将各种利益进行整合以实现利益最大化的目标，首先将弱者一方当事人的利益置于首位，其次要考虑其他当事人的利益，最后再考虑司法权威对于整个社会的推动作用。从博弈论的角度看，"有利于"类型冲突规范中的后果考量不仅关涉当事人的利益，同时还须考量案件判决结果对以后同类型案件的预测作用。

5.5.4 最小损害原则

在"有利于"类型冲突规范适用中的后果考量中，通常无法满足弱者一方当事人提出的全部利益需求，若各方当事人不能相互妥协、让步，那么法官在考量时就必须舍弃一部分利益，在舍弃利益时尽可能减小损害即为后果考量的最小损害原则。在最小损害原则要求下，法官在实践中应根据"有利于"类型冲突规范立法所设定的保护目的、方法和手段来选取相对应的损害最小的方案。

上述四项原则之间有其内在的逻辑联系，从"质"和"量"的角度入手为利益衡量作出指引，统筹兼顾原则和轻重权衡原则重在从利益质的层面进行衡量，而利益最大化原则与最小损害原则则是注重从利益量的层面进行衡量。从后果考量的过程看，"有利于"类型冲突规范适用中的后果考量的实现路径是"多中选优"。也就是说，要在可能后果的比较中假设出多种结论，从结论所可能产生的法律效果和社会效果两方面进行评估，并反复论证，以寻求最适合本案的可欲后果。

5.6 小结

在"有利于"类型冲突规范的适用中，后果主义论证方法的使用为法律选择的正当性提供了强有力的支撑，其特点是从后果出发，通过后果预测和后果评价来倒推应该适用哪国法律作为准据法。那么，应当采用什么方法来预测和评价后果呢？本书认为，从"有利于"类型冲突规范的立法目的、内在结构以及适用过程来看，"有利于"类型冲突规范适用中的后果考量应通过利益衡量的方法来实现，而不是像当前大多数学者所认为的那样，试图通过比较各国实体法或比较判决结果的方式来确定准据法。实际上，利益衡量方法的引入是"有利于"类型冲突规范适用中后果考量所必需的，后果主义方法是围绕后果评价所展开的司法过程，采用利益衡量方法无疑是对这一过程进行实质衡量的最佳选择。由于立法无法为法官进行"有利于"的判断预设一个确定的评价标准，而只能确立一个原则性的规定。因此，我们应当认识到"有利于"的判断标准具有个案性特征，无法预设一个"标准答案"，只能将确定这一答案的规则加以明晰。"有利于"类型冲突规范适用中后果考量的"有利于"判断标准应当是针对个案的，是体系化而不是单一指标的衡量标准，同时应兼顾合理性和合法性，并以实现弱者利益保护为目标。在具体的司法实践中，法官的后果考量可通过利益识别、利益评价、利益整合以及"有利于"的实质判断等步骤来进行。

6 "有利于"类型冲突规范正当化过程中的论证方法

6.1 "有利于"类型冲突规范正当化过程中法律论证的必要性

6.1.1 法律论证及其特点

论证是指一种言语的说理行为,围绕某个具有争议的观点,以提出若干主张的方式进行证明或反驳,以期对相对方产生影响,加强或减弱他对某一观点的接受程度。[107]法律论证作为论证的下位概念,实际上是论证在法律领域内的具体展开,或者说具体表现形式。就"有利于"类型冲突规范的适用过程而言,由于"有利于"类型冲突规范包含多个客观连结点以及"有利于"这样的主观连结点,法官需要给出理由以正当化其法律选择过程,不能仅仅列出所援引的冲突规范,这样的做法显然无法满足法律选择之正当合理性的要求。

作为论证的下位概念,法律论证的特点包括:

(1)法律论证是一个过程,即给出理由以支持法律判断的过程。就"有利于"类型冲突规范而言,法律论证就是双方当事人为了达到各自的目的，向法官列举若干能够支撑其主张的理由或证据（比如足以证明其能够获得主客观连结点支持的理由），以期获得法官的支持的过程。

（2）法律论证是一个结果，论证的过程必然会得出某种结果，而这种结果通常是以命题集的形式表现的，比如司法实践中法院作出的判决书便是法官进行法律论证过程得出的结果。

进行这样的区分并非将作为过程的论证与作为结果的论证进行分离，因为作为结果的判决书本身就是法律论证过程的一部分，相应地，在作为结果的判决书中也反映出法律论证过程是如何进行的。因此，这样的区分可以清晰地展现法官的法律适用过程以及审判中的论辩是如何展开的。[108]两者的区分可以说是同一事物从不同视角进行观察的具体表现。

6.1.2 正当化过程中法官的论证义务

如前所述，"有利于"类型冲突规范的立法目的在于保护弱者一方当事人的利益，但司法实践中法官仅仅列出法条而不加说理和论证，从法律论证的角度看显然无法证明判决结果是否实现了立法所期望达到的目的，原因有以下几点：

（1）从适用过程看，"有利于"类型冲突规范的适用过程不仅是一个"发现的过程"，同时也是一个"证立的过程"。在"发现的过程"中，由于"有利于"类型冲突规范既包含客观连结点，又包含主观连结点，因此法官不能仅依据客观连结点的数量来决定准据法，同时还必须考虑"有利于"这样一个主观连结点。显然，通过客观连结点的演绎推理无法满足"有利于"判断的要求，需要借助"论题学"的方式进行。换言之，就是通过一种"特殊的问题讨论程序"去寻找能够正当化其观点或依据的结论，因此"有利于"类型冲突规范的说理活动具有论辩与对话的特点。[109]如前所述,法官需要借助后果主义论证方法来论证"发现的过程",因此在个案的说理过程中就应该通过后果预判和后果考量就法律选择的合理性展开论证,并阐明支撑这样选择背后的理由。需要注意的是,后果主义论证要以实现法律选择的合理性与可接受性为目标,也就是说,法官的后果主义论证要以判决对当事各方以及社会能够产生的效果或影响为评价标准,同时还要考虑判决对未来类案的影响,而非法官依据个人的主观判断径直作出裁判。

(2)从论证方法看,"有利于"类型冲突规范"证立的过程"所采用的是后果主义论证方法,这种论证方法强调让法官将法外因素纳入考量范畴,围绕"可欲后果的预测"以及"可能后果的考量"展开论证,并最终找到能够导向可欲后果的实体法。但是后果主义论证方法带有很强的主观性,如果不加以有效的限制,很容易导致法官的恣意。同时,在"有利于"的判断上不存在一个客观的标准,这就导致"有利于"类型冲突规范的后果主义论证不具备绝对意义上的确定性。[110]在司法实践中,"有利于"类型冲突规范的后果主义论证就是考察法官是如何进行"有利于"的判断的,具体包括判断的理由及其是否充分,足以让各方当事人接受。

(3)从论证目的看,"有利于"类型冲突规范法律论证的目的即实现法律选择的可接受性(包含合法性与合理性两方面),这一目的同时也是法律论证的出发点和归宿,而这一目的的实现同样也需要借助法庭论辩和说理活动的展开。由此可以看出,可接受性的实现是"有利于"类型冲突规范法律论证中最为核心的考量之一,只有经过严密的证成才能为法律选择的可接受性提供理由,进而提高法官最终判决结果的可接受性。因而司法实践中法官的法律选择并非一蹴而就,而是需要在弱者利益保护目的的支配下,经过充分的论证才能连接事实与规范,从而确定应适用的准据法。

基于上述分析可知,法官在适用"有利于"类型冲突规范时应当转变观念,在充分认识到其所要承担的论证义务的基础上,进一步强化"有利于"类型冲突规范的后果主义论证过程,而不能仅仅列出所援引的法条。

6.1.3 正当化过程中法律论证的特点

"有利于"类型冲突规范正当化过程中法律论证的特点包括:

(1)说理性。从表面上看,涉外民事诉讼中法院的裁判是对当事人诉讼请求的回应,实质上是对各方当事人之间利益的调整。因此,"有利于"类型冲突规范的法律适用过程应当建立在合理逻辑的理性证立基础之上,必须有充足的理由,这样才能说服当事人。如果"有利于"类型冲突规范的适用过程缺乏说理性,法律选择的合理性就无从谈起,那么司法也就无法承担解决社会纠纷最后保障机制的重任。

(2)法律选择的可接受性。"有利于"类型冲突规范法律论证的目的是实现法律选择的可接受性。"有利于"类型冲突规范后果主义论证就是围绕这一目的展开的论辩和说理活动。准据法的确定作为"有利于"类型冲突规范适用的最终结果,其可接受性一方面源于法律选择所援引的法律规范所保障的合法性,这一属性由冲突规范所援引的实体法条文本身的合法性和逻辑规则的客观性所支持;另一方面源于法律适用中各方主体对其认同、信服所获得的合理性。合法性与合理性的统一让法律选择具有可接受性,二者同等重要,不可偏废。如前所述,在"有利于"类型冲突规范的司法实践中,法官对于法律选择合理性的论证存在明显不足,着重强调合理性在法律论证过程中的作用,尤其对于"有利于"类型冲突规范适用中的后果主义法律论证无疑具有极强的实践意义。

（3）场域依存性。"有利于"类型冲突规范的适用过程主要是通过后果主义论证方法来正当化其法律选择的过程，但后果主义论证也必须在法律秩序内进行，绝不能超越法律的框架到法外寻法。虽然法官在适用"有利于"类型冲突规范找法过程中，可能会运用法律原则、习俗、情理等作为确定准据法的基点，但须坚守不与现行法律相冲突的原则。

（4）论证的诉诸权威性。诉诸权威是法官在"有利于"类型冲突规范法律论证过程中必须始终恪守的原则。"有利于"类型冲突规范适用中的后果主义论证是围绕某一命题是否能够获得现行法律体系的支持而进行论证。换言之，若要对某一规范是否成立进行论证，只需找到一个可以从现有法律体系中演绎得出，并且足以支持其成立的命题即可。

6.1.4 正当化过程中法律论证的意义

法律论证在"有利于"类型冲突规范正当化过程中的意义包括以下几个方面：

首先，法律论证就是说服法官自己，这就要求法律选择的结果必须有正当理由的支撑。设想一下，如果法律选择缺少充分的说理论证，法官连自己都无法说服，又如何能说服当事人呢？如果当事人都无法接受，法官又怎能确信自己作出的法律选择的公正性和合理性呢？一般而言，如果法官连自己都说服不了，那就存在恣意选法的嫌疑。

其次，"有利于"类型冲突规范正当化过程中的法律论证是为了说服当事人。不可否认，在涉外民事诉讼中，有些当事人可能会从自身利益出发固执己见，但在大多数情况下还是理性的。如果法官在判决中对于选择"有利于保护弱者权益的法"讲明了充足的理由，当事人又无法对这些理由进行辩驳，那么大多数人还是可以接受这种判决的。如果判决书中没有对法律选择讲清楚理由，即便法官认为这样的选择有道理，败诉的一方当事人也可能认为裁判对己方有失公正。有些案件当事人之所以提出上诉，其原因之一就是法官在判决书中没有进行充分的说理和论证，导致当事人对判决结果难以接受，并由此带来执行难的问题。

最后，"有利于"类型冲突规范正当化过程中的法律论证的目的在于说服当事人以外的其他人。现代社会是信息社会、法治社会，几乎所有法院的判决书都会上网供社会监督。为了实现裁判的社会认同，法官应尽量将法律选择的理由予以阐释，特别是应增加对于"有利于"类型冲突规范适用中的利益衡量和价值判断的说理和论证，从而提高司法裁判在法律共同体和广大人民群众中的接受程度。

6.2 "有利于"类型冲突规范正当化过程中法律论证的进路

如前所述，由于"有利于"类型冲突规范包含"有利于"这样的主观连结点和多个客观连结点，因此法官在司法适用的过程中可能会面临不同的选择，那么，法官该从何处入手？又该采取何种方法或进路来证立法律适用过程呢？本书认为，"有利于"类型冲突规范正当化过程中的法律论证不能偏离冲突法的价值取向，二者密切相关。如前所述，当代国际私法本质上存在"形式正义"和"实质正义"两种不同的价值取向。因此，"有利于"类型冲突规范适用中的法律论证应从形式向度和实质向度两个方面展开。

6.2.1 形式向度

"有利于"类型冲突规范正当化过程中的形式向度论证，其重点是证明案件事实与"有利于"类型冲突规范之间相适应。如前所述,传统上形式主义适用模式认为"有利于"类型冲突规范的适用过程就是一个司法三段论的推演过程,即将案件事实作为小前提,将"有利于"类型冲突规范作为法律推理的大前提,通过演绎推理从这两个前提得出准据法。"有利于"类型冲突规范形式向度的法律论证以演绎推理的形式将法律选择过程进行展示,法官主要通过这种方法实现法律选择的形式正义。具体而言,形式正义要求法官在适用"有利于"类型冲突规范的过程中做到"类似案件类似处理",而要把这一原则付诸实施,就需要通过演绎推理的形式将"有利于"类型冲突规范适用到具体的案件中。从形式正义的角度看,演绎推理形式是"有利于"类型冲突规范普遍化的必要手段,它是连结前提与准据法的最合格的形式之一,当法官运用适当时,它能够确保演绎推理的前提与准据法之间的联结具有形式上的正当性。

然而,应当注意的是,案件事实与"有利于"类型冲突规范在联结上满足形式上的要求,但这并不意味着二者之间在价值上相适应。如前所述,在我国司法实践大多数判决书中,法官仅列出所援引的冲突规范,似乎认为这样就可以从形式上证明法律选择的正当性,但这样的做法根本无法证明案件事实与"有利于"类型冲突规范之间在价值上是否相适应,因为冲突规范本身并不是实体规则,仅仅列出援引的冲突规范,只能证明法官选法符合形式逻辑的要求,但无法证明选出的准据法在价值上符合立法者的价值判断。如在中山市中级人民法院于 2011 年审理的李某等诉兆某子女抚养费二审案[1]中,法院仅列出应当适用《法律适用法》

---

[1] 广东省中山市中级人民法院民事判决书,(2011)中法民一终字第 776 号。

第 29 条的规定，进而得出结论应适用中国法，这显然无法证明适用中国法在价值上实现了保护弱者权益的目的。为了证明案件事实与"有利于"类型冲突规范在价值上相适应，中山市中级人民法院又在判决书中对此作出进一步的说明，法院认为：我国香港特别行政区的法律规定未成年人的父亲需要向未成年人支付抚养费时，需要从若干情形中挑选法院认为符合未成年人监护人实际经济状况的一种，这些情况包括这笔抚养费（不论分期支付与否），或用来支付未成年人当前生活所需，或用于支付判决前因抚养未成年人而承担的合理支出或因此带来的合理债务，抑或两种情形同时发生时的支付。我国原《婚姻法》规定，未成年人或不能独立生活的子女在父母不履行抚养义务时有权要求不履行抚养义务的父母给予生活所必须的抚养费。最高人民法院也曾作出规定，在子女的抚养费问题上，法官须结合被抚养人的实际需要、抚养人的负担能力以及当地实际生活水平等因素综合考量作出决定。由于在抚养费金额的问题上香港地区法律与内地法律的规定基本一致，因此原审法院适用内地法律的做法并无不当。从本案可以看出，司法实践中法官不能仅仅列出所援引的冲突规范，还需要从逻辑上证明所援引的准据法满足了立法所设定的保护弱者权益的立法目的。

"有利于"类型冲突规范形式向度的说理采用演绎推理的形式，可以用来重构法律适用的论证过程，以此保证法律选择符合形式有效性以及合法性的要求。此外，论证的前提与结论之间的关联也会因三段论式的演绎推理过程而增强，使结论的得出与前提间存在必然的联系，具有"终极说服力"。因此，强调三段论式演绎推理的权威性对于落实形式法治具有极为重要的意义。

6.2.2 实质向度

"有利于"类型冲突规范正当化过程中实质向度的法律论证重点在于说明法官是如何确定"有利于保护弱者权益的法",以及如何证明这样的选择是正当的。从性质上讲,"有利于"类型冲突规范正当化过程中实质向度的法律论证可以被看作具有"论题学思维"的论证过程。若要解释论题的含义,可追溯至古希腊文中的"tópoi"和拉丁文中的"loci",原意具有场合之意,通常将其释为一种虽非严格遵循规则,但又具有可以被信赖的论辩起点,主要指命题或者观念。论题在辩论中能够起到定位的作用,可以被用来支持或者反对某一观点或意见,最终指向正确方向。

(1) 论题学思维的特点。论题学思维的特点包括:一是当面对多种选择时,探寻一种最合理、最妥当的解决方案;二是坚持问题导向,以问题为核心展开论辩,在数个备选的方案中寻找解决问题的最佳方案;三是通过对某一问题的多种观点进行多角度论证,最终找到合理解决方案;四是论题学思维是一种倾向于合理性判断的思维方式。如前所述,在"有利于"类型冲突规范的适用中,由于存在多个连结点,所以连结点的指向可能指向多个不同的实体法,这时法官就可能面临多种选择,他必须围绕到底选择哪一个实体法才能实现有利于保护弱者权益的立法目的展开分析论证,从多种选择的可能性中寻找最优方案,以证明这样的选择是合理的。"有利于"类型冲突规范法律论证的实质向度之所以采用论题学思维,就是期望在存在多个连结点的情况下,解决单纯依靠演绎推理的方式无法确定哪一个实体法才是"有利于保护弱者权益的法"的问题,只有借助论题学思维的论证方式才能帮助法官在司法实践中确定到底应该采用哪个连结点及其指向的实体法。

(2) 论题学分析实例。在司法实践中,法官通常会从多个论题出发进行论证,比如在 2013 年上海市闵行区人民法院审理的陈某某与曲某某同居关系子女抚养纠纷案❶中,法官围绕三个论题就未成年子女随原告生活是否有利于其成长展开论证:首先,法官从亲子感情的角度出发,认为儿子曲亚某某自出生起便与原告共同生活,双方具有深厚的母子情感基础;其次,法官围绕原告是否具备抚养儿子的能力进行论证,基于原告的受教育程度、居住条件、收入证明等几个方面证明其具有抚养能力;最后,法官认为基于现实生活的考量,原告之子尚不满两周岁,随母亲生活显然更有利于其成长且于法不悖。法官在该案的论证中主要围绕三个论题展开,若任选其一来看,单一论题的证明力都较弱,但当多个论题聚合起来相互佐证便会极大地增强证明力,同时也能够让当事人更容易理解和接受法官的判决。由此可见,法官以论题出发进行推理论证,与三段论式的从限定命题出发的推理过程完全不同,强调一个开放式的演说过程。与之相应,这种论辩式的论证重点并非严格意义上的证明过程,不以必然地得出结论为目的,而转向寻求在一定条件下使结论得到证明。

(3)论证结构。"有利于"类型冲突规范适用的说理结构在实质向度上呈现出一种交错式、逐步递进的构造特征,借助图尔敏(Toulmin)的论证图式可以更好地帮助我们理解实质进路的说理结构。如在前述"陈某某与曲某某同居关系子女抚养纠纷"案中,法官可以沿着以下步骤进行释法说理:①提出释法说理的核心主张(claim, C),如法院主张适用中国法,中国法是有利于曲亚某某健康成长的法;②提出该案中能够支持主张 C 的事实根据(ground, G),如曲亚某某自出生起便随原告共同生活,目前尚不

---

❶ 上海市闵行区人民法院民事判决书,(2013)闵少民初字第 104 号。

满两周岁;③进一步提出一个前提或命题以保证能够依据事实根据 G 得出核心主张 C,也就是"保证"(warrants,W),通常是法律规则或原则,如《法律适用法》第 25 条、第 29 条或第 30 条。以上步骤是构成论证的一般形式,但当保证 W 的可接受性受到质疑时,保证 W 还需要其他"基础依据"(backing,B)的补充证明,如最高人民法院在《子女抚养问题具体意见》中规定:"对于子女抚养问题……应当从有利于子女身心健康,保障子女的合法权益出发。"此外,当一些例外情况发生时,论证中还需要引入"抗辩"(rebuttal,R)或"限定"(qualifier,Q),从不同的角度进一步证明保证 W 在多大程度上可以适用于个案,如原告不具备某种法定条件即为一种抗辩 R,或原告符合某种法定条件如若丧失行为能力则为一种限定 Q。可见,通过这样一种论证图式,法院就可以从实质向度论证在本案中,中国法是"有利于保护弱者权益的法"。

"有利于"类型冲突规范的形式向度论证和实质向度论证再现了法官在判决书中是如何展开论证的过程,是评价法官论证过程的重要内容。法官对于不同类型案件采用的论证方法是有区别的。在简单案件中,法官主要从形式向度展开论证,重点是证立案件事实与"有利于"类型冲突规范在形式上的相适应;而在疑难案件中,法官则主要采用论题学思维方法,证立"有利于"类型冲突规范适用中多个连结点的选择以及"有利于"判断的合理性和结果的可接受性。

6.3 "有利于"类型冲突规范后果主义论证过程的检验方法

如前所述,在"有利于"类型冲突规范的适用中,由于法官无法直接得出准据法，这时他需要依靠对后果的考量来判断哪一个连结点所指向的准据法是"有利于保护弱者权益的法"。在这种情况下，对后果的考量其实就是运用后果主义论证方法来正当化法律选择的过程。但是我们也应清楚地认识到，仅仅通过后果主义论证来证立法律选择的正当性是不够的，从法律论证是否完全和充分的角度看，"有利于"类型冲突规范的后果主义论证还需要其他一些形式的检验来确保其自身的正当性。从后果主义论证的特征和法律论证本身所要实现的目标性准则看，"有利于"类型冲突规范通过后果主义所实现的论证至少应当通过可普遍化性检验、一致性检验和协调性检验。"有利于"类型冲突规范适用中的后果主义论证只有通过这些论证方式的检验才更符合实践理性的功能。

6.3.1 可普遍化性检验

（1）可普遍化性的内涵。在伦理学中，一般认为可普遍化性是指若某人基于"应该"进行思考，那么他便同意将自己处在他的环境下的任何人之"应该"。[111]司法实践中，可普遍化性要求法官担负最起码的责任，针对同类型的案件都应当作出同样的处理，对同样的案件要遵循要点相近的先例进行裁判，即可普遍化性能够为司法形式正义原则提供必要的支持。[49]

在"有利于"类型冲突规范的法律论证中，可普遍化性检验可以引导法官以符合论辩理性的原则进行"找法的过程"，法官也可基于此审视法律选择行为是否符合正当性与可接受性要求；同时在"证立的过程"中，可普遍化性检验能够对后果主义推论及其结果进行审视，以确保法律选择符合普遍性的正当理由的要求。

（2）可普遍化性检验的展开。可普遍化性检验要求法官在具体的司法实践中进行立场转换，将自己设身处地地置于当事人的处境之中。这就要求法官除以自身角色考虑准据法的确定外，还需要以当事人的视角考虑判决可能对其利益或他对判决的期许所带来的影响。他必须使自己的法律选择能为双方当事人所接受，而且还要使其他人（包括自己）也能够接受这样的结果。形式正义的实现要求司法裁判须满足类案同判的基本要求，采用后果主义论证形式的"有利于"类型冲突规范法律论证也应当满足这一特性的检验要求。为了在司法适用过程中满足形式正义的要求，麦考密克认为，法官在司法适用中须将视线聚焦过往与远眺未来，也就是要满足回顾性与前瞻性要求，方能使司法判决在遵循先例的同时考虑对未来相似案件的可能影响。对于两者之间的关系，他认为判决的前瞻性要求要优先于回顾性要求，因为从寻找判决的实质理由角度出发，前瞻性要求所体现的对当下案件实质价值追求的坚持显然要高于对先前案件形式价值的权衡。[49]

就"有利于"类型冲突规范的法律论证而言，以形式正义为要求对"有利于"类型冲突规范的后果主义论证进行检验，本质上是在考察经由后果主义论证得出的判决结果是否符合形式正义的前瞻性要求。这种可普遍化性检验的模式是以当前为出发点，面向未来的同类案件。法官须在司法过程与结论中对当下案件的裁判理由进行审视，以确定当下的裁判理由若适用于未来之案件是否同样能够成为保证判决正当性的佐证，进而满足当下案件法律论证的前瞻性要求。进一步讲，当法官所面对的案件并无可供遵循的先例甚至没有可供适用的有效法律规则时，法官进行的法律论证并非只是在找寻能够支撑当下案件裁判的理由，同时也是在为将来类案判决寻找理由。若一种裁判规则不符合前瞻性要求的检验，虽然其在当下可能被视为能够支撑判决的正当性理由，但在未来遇到类案时，这种裁判规则或许就会成为致使类案实质不正义的理由。因此，在这一点上，我们在"有利于"类型冲突规范适用中进行后果主义论证时应保持对这一方面的清醒认识，即在后果主义论证中进行可普遍化性检验可以对个案判决结论予以证明，同时，这一论证过程欲求的后果在逻辑上还需要与司法裁判所欲求的后果相契合。

6.3.2 一致性检验

（1）法律的一致性问题。法律的一致性是法律对形式价值的追求，也是判断法律是否为"良法"的必要条件。在法律论证中强调一致性问题旨在消除法律制度中可能存在的矛盾，使其保持和谐统一。具体来说，从一致性概念出发，法官作出的裁判应该与法律规定保持一致。为了满足这一条件，法官在司法适用中便需要考虑他的决定是否与现行的法律规则一致。如果两者相互抵触，则法官需要更改他的决定。麦考密克认为，法官应当将一个信条谨记于心，即在司法活动中不能违背、超越既定的或是具有约束力的法律，否则法律所具有的"效力论"将失去意义。[49] 由此看来，一致性对"有利于"类型冲突规范的适用而言，就是要求法官的法律选择和有效的法律规则相统一，至少不冲突。

（2）"有利于"类型冲突规范法律论证中的一致性问题。在"有利于"类型冲突规范适用中的法律论证中，一致性首先是保证法律的确定性和普遍适用性的基本条件，其次是法律选择必须符合法律制度的整体性、统一性与完整性的价值需求。另外，一致性检验对于"有利于"类型冲突规范适用中的后果主义论证也是必不可少的。如前所述，后果主义论证本质上是评价性的，它主要关注的是法律选择结果的可接受性和正当性问题，而这一要求的判断又需要借助于许多法律之外的评价标准，如道德、习俗以及政策等。在"有利于"类型冲突规范的后果主义论证中，对法律选择的确定性与统一性很难进行清晰的检验，因此法官就需要通过一致性论证方法加以检验。在"有利于"类型冲突规范的适用中,法官在一致性要求下不能采用与其他现行有效的法律规则相左的规则,也就是说,只有当一个规则不与现行有效的法律规则相抵触时才能被采纳,用于得出裁判结论。这种建构规范的目的在于维护"有利于"类型冲突规范的适用遵循法律的一致性价值的要求。在"有利于"类型冲突规范适用中的后果主义论证中加入一致性检验的要求再次证明了一个道理,即使是从后果出发进行法律选择,也不意味着法官可以毫无限制地将自己对可欲后果的主观判断付诸法律选择过程。实际上,法官在进行后果主义推理过程中还必须使其对于后果的预判和评价在法律的范畴内以获得支持,也许这种支持有时带有消极性,但起码它不会是反对性的。

6.3.3 协调性检验

如果说一致性检验是从形式层面对"有利于"类型冲突规范后果主义论证提出某些合理要求,那么协调性检验则是从更为深层的角度对"有利于"类型冲突规范后果主义论证提出要求。

(1) 协调性与协调性检验。所谓协调性,按照麦考密克的话说,就是不同的规则只有联结在一起通盘考虑才有意义。规则的意义源于它们与某个具有一般性意义的原则之间存在的一致性,由此这种规则也可以被视为某个具体原则的具体化表现或特定表现形式。[49]在法律论证中,协调性的意义在于能够将法律原则与规则相连接,任意规则若能为法律原则所涵盖,则可通过协调性认定该规则为好的规则,依据该规则作出的判决也被认为与整个法律体系相协调。在"有利于"类型冲突规范的法律论证中,不论最终作出什么样的判决,法官都需要满足协调性的要求。比如,一个案件中法官依据后果主义裁判所作出的判决如果不能得到弱者利益保护原则的支持，那么这个判决结果显然就不满足协调性的要求。后果是"有利于"类型冲突规范后果主义论证的出发点，显然其自身也应被纳入评价的范畴之内，并且这种评价标准须具有法的性质。[58]也就是说，协调性在一定程度上防止了法官恣意地使用自由裁量权，要求法官所做的判决必须符合整体性原则的要求，这样才能保证判决的公平与正义。有鉴于此，进行协调性检验可以帮助法官在后果主义论证中找到一种能够体现法律体系内价值合理性的依据。进一步讲，法官运用协调性检验时不再是对自由裁量权的任意行使，而是将法律体系作为一个整体对个案加以审视，这样才能实现对法律体系公平、正义的维护。

（2）协调性检验的实现。所谓法律论证的协调性检验，就是以法律制度的整体协调性作为目标，对"有利于"类型冲突规范正当化过程中的后果主义论证进行检验的程序。在后果主义论证中，对于协调性检验而言，可以经由基于法律原则的论证与类推的论证两条进路展开，两种方式虽各有特点但也存有共同之处，都不能超越协调性检验为后果主义论证所设置的界限，否则该论证的结论是不可欲的。根据埃塞尔（Josef Esser）的方法论，法律体系不仅包含法律规则，而且还包含法律原则。法官在给个案寻找法律答案时，通常也会借助法律原则。[112]法律原则具有更大的宏观指导性，能够为其他法律要素提供基础或本源的综合性准则。进一步讲，法律原则作为一种价值目标，能够引导不同法律规则相互协调，形成一个整体。所以，当法官在适用"有利于"类型冲突规范面临多项选择时，诉诸原则论证可以帮助我们解释为什么选择某一种方案。

就"有利于"类型冲突规范正当化过程中的法律论证而言，诉诸原则的协调性检验的意义在于检视弱者利益保护原则是否支持这样的法律选择。也就是说，作为"一般法律思想"的指导，弱者利益保护原则能够为"有利于"类型冲突规范的适用及其结论进行实质评价。阿列克西认为，法律原则贯穿于法律体系之中，法官在进行裁判时负有义务去衡量这些法律原则。也就是在司法过程中，法官需要借助各种法律原则进行论证以获得更为理想的个案裁判。[113]这对于"有利于"类型冲突规范正当化过程中的法律论证同样适用。在司法实践中，法官通过阐述弱者利益保护原则是否包容当下案件，来进行协调性检验。在论证"有利于"类型冲突规范法律选择的结果时，法官通过明确阐述弱者利益保护原则来展现他对法律选择结果的评价。如果能够说明所适用的准据法与弱者利益保护原则体现在这类案件中的精神和目的相融，则表明法律选择在法律上有了协调性的依据。如果从弱者利益保护原则出发审视法律选择会出现不公，这就说明这一法律选择的正当性论证不具有协调性。由此我们可以看出，"有利于"类型冲突规范适用过程的法律论证需要进行协调性检验，如果法官能够把法律选择的合理性通过有利于保护弱者利益的实现予以说明，那么这个法律选择过程就具有更强的正当性。

6.4 "有利于"类型冲突规范法律论证的准则

在"有利于"类型冲突规范适用的法律论证中，本书主张法官除要掌握正确的论证方法外，还应遵守以下几项准则：

6.4.1 合法性

（1）含义。合法性准则能够为"有利于"类型冲突规范的法律适用设定有效渊源，在法官适用"有利于"类型冲突规范的过程中起到约束的作用。"有利于"类型冲突规范法律适用合法性的制度前提是存在一个系统、权威以及实证化的规范体系，以及一个能够使法官独立裁判、司法过程专门化的司法体制。但这两个前提之间存在一种紧张关系，法官独立性、创造性的实现与法律权威性、约束性之间有时很难达到平衡。"有利于"类型冲突规范适用的过程是通过冲突规范的援引确定准据法，准据法源自冲突规范的指引，但准据法并非可以通过对冲突规范的演绎推理直接得出，这中间还需要通过一个具体化、现实化的过程将规范评价与法律适用结论衔接起来，合法性准则要处理的问题便是如何坚守"有利于"类型冲突规范在这一过程中的坚实地位。合法性准则旨在防止法官在法律适用的过程中恣意越过冲突法体系的边界，因此法官在上述衔接过程中须首先尊重"有利于"类型冲突规范的文字之意，同时还须遵守冲突法体系中的各种法律选择和解释方法。

（2）不足和限制。如前所述，在我国的司法实践中，有些判决书只简单地列出相应的冲突规范，认为只要援引了冲突规范就可满足合法性要求。但这样的认识显然存在问题，因为法律选择的合法性指引本身也存在不足，法官为什么选择某一种法律选择方法以及如何运用该法律选择方法得出结果本身也是需要证立的。这是因为法官在确定法律选择方法时享有自由裁量的空间，但这并不意味着法官能够跟立法者一样拥有至高无上的权力，以自己的喜好去续造法律，裁判者具有形成个案规范的权利，但须受立法目的、法律思维模式、法律体系及其评价等因素的约束。[58]诚如费肯切尔所言，在合法性准则的规范下，法官进行法律选择只能是对法律的实现，而非对法律的取代。裁判者在进行法律选择时虽然也在一定程度上对法律规则续造或延伸，但与立法者在创制法律时是有明显区别的，裁判者是沿着立法者既定好的方向行进，而立法者则是沿着自身理智所指引的方向行进。在"有利于"

类型冲突规范的适用中，法官就需要沿着"有利于条款"和其他立法中所明确的原则的方向前进，也就是要向着能够实现弱者利益保护原则的方向前进，法官的自由裁量空间仅限于如何达到这一终点，而不能随意地改变这一方向。

6.4.2 合理性

（1）目的。在"有利于"类型冲突规范的适用中，法官显然不能仅依冲突规范的援引找到准据法。由于"有利于"类型冲突规范包含多个客观连结点以及"有利于"这样的主观连结点，所以"有利于"类型冲突规范实际上只是为法律选择提供了一个包含若干选择的范围或界限，法官须结合具体的个案进行利益衡量和价值判断，由此才能得出确切的准据法。然而，一旦涉及利益衡量和价值判断，法官在进行法律选择时就会出现主观、片面甚至恣意选择的可能性。因此，法官在适用"有利于"类型冲突规范时不能仅仅找出一条或几条支持的依据便自认为完成使命，还应当进一步考量这些理由，并从中找出一个最合理的解决方案。合理性问题不可避免地会受到法官主观判断的影响，因此通过某种客观标准对其进行事后审查非常困难。但法官显然也无法回避或悬置法律选择过程中的评价，法律观念和法律规则间接地包含了评价，有利于保护弱者权益的原则更是明确地代表了评价，但并非这种评价就可以直接被当作法律选择的依据，还需要经过一个具体化的过程。因此，情势要求法官必须理性地对非理性的事务进行考量，并合理化其评价。

（2）途径。合理性准则要求"有利于"类型冲突规范的适用应符合某些法律之外的一般性原则和标准，如经济、风俗、道德等考量因素。以实体取向的不同进行区分，合理性可以进一步分为目的合理性与价值合理性。目的合理性是指某个行为既非情感行为，也非传统行为，而是在对行为的目的、手段、后果及其相互间的关系进行合理考量后进行的，这样的行为即具有目的合理性。价值合理性是指进行某种行为时不对后果进行预设，而只遵循权利、义务、尊严、宗教律令或事实等信念的指引，这种行为就是价值合理性的行为。[114]在"有利于"类型冲突规范的适用中，这两种合理性分别代表法律选择的目的性依据和正当性依据。

合理性具有实质性考量的特性，因此在探究时应当将关联的语境或背景纳入考量范畴。法官的利益衡量和价值判断到底应该采用什么样的评价标准，只有通过对包含个案在内的案件的事实进行评价以及进行具有共识性的社会评价才能最终确定所采用的评价标准。换言之，"有利于"类型冲突规范适用中"有利于"的判断须以个案为基础进行"洗涤"，对个案的评价同样也只有通过法律范畴内的"遴选"才具有效力。相应地，"有利于"类型冲突规范适用中合理性判断的实质性依据与评价标准，须经受三个维度的审查：第一是"向上"维度的审查，对法律论证是否贯彻法律制度所蕴含的理念与价值进行检视；第二是"向下"维度的审查，对法律论证是否与"有利于"类型冲突规范的立法意图相容进行检视；第三是"向外"维度的审查，对法律论证是否与带有普世价值的正义观和价值取向相符进行检视。至此，合理性准则可以归纳为一种适用于个案，用于为裁判者梳理应遵循的程序和方法的评价标准。在具体的过程中应当结合规范评价、个案事实、法官、法律理念以及社会评价等五个要素。

6.4.3 客观性

（1）含义。在理解"有利于"类型冲突规范适用的客观性准则之前，应当对法律中的客观性概念有清晰的认识，法律中的客观性概念一般从本体论、认识论、知识论和对话视角四个方面进行理解：在本体论意义上，客观性要求事物对人没有依赖并且具有独立性的特征，在这个意义上法律不具有客观性；在认识论意义上，法律作为调整人的行为的客观规范，具有认识论意义上的客观性，但这种客观性并非独立于主体，而是一种相对准客观的状态；在知识论意义上，法律是人类所掌握的一种知识，而知识本身是一种客观性内容，因此法律也就具有客观性的特征；在对话意义上，法律的客观性是由其产生的过程决定的，法律是人们在对话协商中逐渐形成的，这就赋予了法律在对话意义上的客观性。

（2）途径。在冲突法的客观性问题上，传统国际私法与现实主义法学产生了分歧，传统国际私法认为，冲突法的客观性本就存在于客观的准据法之中；而现实主义法学认为，对于法律文本的理解和解释都依赖于人的主观先见，具有极强的主观性，对文本的理解永远都是为先前理解的把握活动所规定。[115] 本书认为，首先，冲突法不仅具有客观性的特征，同时也应当恪守客观性的准则。以"有利于"类型冲突规范的法律论证为例，冲突规范的存在本身就为法律选择的客观性提供了支持。其次，虽然法官在论证时需要依据"有利于条款"进行利益衡量，但并不意味着法律选择的客观性可以被摒弃或消亡，也不代表法官进行利益衡量就是否定法律论证客观性的存在。再次，法官在进行论证时还需要满足其他一些客观规则的约束，如合法性准则等。最后，法官、律师、法学研究者等组成的行业共同体的普遍性或一般性意见也是法官在适用"有利于"类型冲突规范时应当遵守的客观性准则。应当强调的是，"有利于"类型冲突规范适用中的法律论证并非抽象的，而是有目标的，法官要向双方当事人、可能接受意见的其他人以及学者、法律职业者等其他法律共同体证明其判决的合法性与客观性。因此，"有利于"类型冲突规范的适用过程不可能完全是法官的一种个人化的行为，而是一种含有社会证明之意并且能够满足客观性检验要求的法律论证过程。

6.4.4　融贯性

（1）含义。"融贯"（coherent）是指任何说理性活动必须遵守的一般性准则，即在论证中应当尽可能广泛地吸收更多依据作为论证基础，并且尽可能将存在于论证过程与论据之间的矛盾予以排除，做到协调一致和前后连贯。

（2）特征。如前所述，在"有利于"类型冲突规范的适用中，法官需借助利益衡量和价值判断来确定"有利于保护弱者权益的法"，"有利于"类型冲突规范只是为法律选择提供了一个框架，框架内有多种选择的可能性。在这个框架内，到底选择哪一个国家的实体法作为准据法，并不是一成不变的，而是可反驳的、可争辩的。由于法律选择的可反驳性，在"有利于"类型冲突规范的适用中，准据法的确定过程也呈现出一种可反驳的特征。具体来讲，这种可反驳的论证包含了三个方面的特征：①跳跃性（jump）。一般情况下，法律判断的结论并非逻辑推导出的结果，法律判断结论的获得通常是基于若干论据的支持，体现出从前提直接跳跃至结论的特性。如法官认为适用中国法，他的论据可能是小孩从小就在中国内地生活，从小就与父母一起生活，语言是汉语等，这些论据都能够支持法官应选择适用内地法律。②可权衡性（outweigh ability）。由于法官得出的结论并非逻辑推演的结果，因此在"有利于"的论证过程中不可避免地会出现支持或反对结论的两种论据，法官此时便需要作出权衡。换句话说，法律判断同时具有可反驳性与可权衡性的特征。例如，在一个案件中，弱者一方（孩子）长期生活在内地，但如果适用香港地区法，孩子可能会获得更多的抚养费，这就要求法官在论证过程中对各种论据进行权衡。③可转变性（convertibility）。在法律论证中，当新的前提引入时，一个先前无法经由演绎推论得出的法律判断可能因为前提的改变而可以经由演绎推论得出，这种转变即为法律论证的可转变性。在这种情况下，由于演绎推理的成立，法官就将论证的过程由跳跃性的论证变成了非跳跃性的论证。

6.5 小结

当前我国司法实践中"司法规避"问题的突出表现是法官不说理或说理不充分，这种现象说明在我国的司法实践中法官还未充分认识到其在"有利于"类型冲突规范适用中所应承担的法律论证义务。由于在"有利于"类型冲突规范适用过程中法官主要通过后果主义论证方法来正当化法律选择过程，而后果主义方法的特点就是主观性太强，因此，法官就有义务论证其法律适用过程的合理性和合法性。从法律选择的形式正义和实质正义出发，"有利于"类型冲突规范的法律论证主要包含形式进路和实质进路，其形式进路主要是通过演绎推理的方式来证明其合法性，而实质进路则主要通过后果主义论证方法来完成。由于后果主义论证具有很强的主观性，为防止法官的恣意，应通过可普遍化性、一致性以及协调性论证方法来保障后果主义论证的正确性。对于我国司法实践现状而言，本书主张，我们应细化"有利于"判断的说理论证过程，必须要求法官将"有利于"判断的理由在判决书中明示，以此方式公开法官进行法律选择的实质性理由，最终实现法律适用的公平与正义。为此，我们应从制度上为"有利于"类型冲突规范的法律论证设立合法性、合理性、客观性以及融贯性四个准则，以使"有利于"类型冲突规范的法律论证沿着正确的道路进行。

7 结论与展望

法律判决的形成过程需要用到多种方法,对于这些方法的选择与运用,以及各种方法之间的关系,很大程度上取决于法律判断形成的模式。[116]作为一种新的立法形式,"有利于"类型冲突规范的适用问题在我国存在理论与司法实践脱节的现象。一方面,"有利于"类型冲突规范在司法实践中的适用情况并不理想,常常出现所谓的"司法规避"现象。很多案件忽视或无视"有利于"类型冲突规范中"有利于保护弱者权益的法"的规定,而是按照传统法律关系场所化的方式,直接根据连结点的数量确定准据法。这样的做法显然无法体现"有利于"类型冲突规范的立法本意。另一方面,就如何适用"有利于"类型冲突规范,学者们也提出了诸如"法律说"与"结果说"的法律选择方法,但这些法律选择方法都存在难以操作的问题,并不为司法实践中的法官所采纳。

7.1 结论

针对"有利于"类型冲突规范在理论和司法实

践中所暴露出的问题，本书以"有利于"类型冲突规范的适用模式为研究对象，试图从理论上建构一个完整的、与法律实践更相契合的"有利于"类型冲突规范适用模式，从而为破解当前理论与实践脱节的困境探索出一条可能的出路。经过仔细、系统的论证，本书的研究得出以下几点结论：

（1）在认识上转换视角，重新认识"有利于保护弱者权益的法"的实现方式。《法律适用法》的十大亮点之一是在婚姻家庭领域引入"有利于保护弱者权益的法"这一条款，其根本目的在于落实弱者利益保护原则，实现对弱者权益的保护。然而，对于如何解读"有利于保护弱者权益的法"，目前我国学者的看法不一，有学者从文义解释的角度，认为"有利于保护弱者权益的法"应该通过比较不同国家实体法的方式获得；还有学者从目的解释的角度，认为"有利于保护弱者权益的法"应该通过比较判决结果的方式获得。但无论采取哪一种方式，从司法实践的角度看，这样的方式都存在难以操作以及查明外国法的负担的问题。本书经过分析论证，认为我们应转换视角，从法社会学角度解读"有利于保护弱者权益的法"。从法社会学角度看，"有利于"类型冲突规范是一种带有价值导向性的冲突规范，实现弱者权益最大化保护才是"有利于"类型冲突规范立法的可欲后果，可欲后果决定了到底应该选择哪一个国家的实体法作为准据法，而非通过比较不同国家的实体法或比较判决结果的方式获取准据法。基于这样的认识，本书建议法官在司法实践中确定"有利于保护弱者权益的法"时通过后果主义推理方法确定准据法。这样的处理方式，一方面是"有利于"类型冲突规范立法目的使然，另一方面可以克服文义解释和目的解释方法所带来的难以操作和查明外国法的负担问题。

（2）在观念上，厘清"有利于"类型冲突规范中客观连结点和主观连结点之间的关系。当前在"有利于"类型冲突规范适用的问题上，理论与司法实践存在两种不同的观念，这两种不同的观念背后实际上隐含着两种不同的适用模式。司法实践中，法官主要采用形式主义适用模式，认为"有利于"类型冲突规范的适用过程就是严格按照冲突规范的援引、正向推出准据法的过程。而学者则受美国现实主义结果选择理论的影响，强调法律选择的目的性，认为"有利于"类型冲突规范的适用过程应当通过比较各国实体法或比较适用实体法的结果来确定准据法。可以说，当前理论与实践脱节的症结就在于没有理顺两种不同法律适用模式之间的紧张关系。那么，我们应该如何理顺这两种不同适用模式之间的关系？本书经过分析论证，认为从法律选择的实质正义和形式正义相融合的立场出发，在"有利于"类型冲突规范的适用上，形式主义模式和实质主义模式两者之间并非非此即彼的关系，而是可以有机地融合在一个法律适用过程中。从法律论证的角度看，"有利于"类型冲突规范的适用过程可以划分为"找法的过程"和"法律选择正当化过程"两个层次。在实践中，形式主义模式主要承担法的发现的任务，而实质主义模式则负责法律选择正当化的职责。为了避免出现因为提升法律选择灵活性而导致法律选择确定性和可操作性下降的情形，[26]将"有利于"类型冲突规范的适用过程作这样的区分，可以使"有利于"类型冲突规范的司法适用具备一个完整的、与法律实践更相契合的逻辑结构，从而为解决目前理论与实践脱节的问题探索出一条可能的途径。本书建议，司法实践中法官在适用"有利于"类型冲突规范时，一方面通过传统法律关系重心地法选法，另一方面需要通过后果主义论证方法来验证找法过程的正当性。二者共同作用，缺一不可。根据案件性质的不同，在操作上，对于简单案件，法官只需按照传统法律选择重心地的方法确定准据法即可，但对于疑难案件，法官须进一步通过后果主义推理方式来验证传统法律选择方法的正当性。

（3）"有利于"的判断问题是"有利于"类型冲突规范的核心问题。对于"有利于"的判断问题，目前学者们多主张通过比较的方法来判断，但比较的方法都存在难以操作的问题。本书经过分析论证，认为从"有利于"类型冲突规范的立法目的、司法过程以及内在结构看，"有利于"的判断应通过利益衡量的方法来实现，而不是当前大多数学者所认为的那样，试图通过比较各国实体法或比较判决结果的方式来确定准据法。实际上，利益衡量方法的引入是采用后果主义方法所必需的，后果主义方法是围绕后果评价所展开的司法过程，采用利益衡量方法无疑是对这一过程进行实质衡量的最佳选择。同样，后果主义裁判也需要运用利益衡量的方法，利益衡量的方法可以说是法官在司法过程中基于后果主义评价进行实质衡量与推理的必要途径。由于立法无法为法官利益衡量预设一个确定的评价标准，因此，本书建议，"有利于"的判断标准应是一种针对个案的标准，并且我们也无法为个案的评价标准提供一个现成的答案，而只能对确定个案评价标准的规则加以明晰。同时，"有利于"类型冲突规范适用中利益衡量的判断标准应当是体系化而不是单一指标的衡量标准，应兼顾合理性与合法性，并以实现最优判决结果为目标。在具体的司法实践中，法官的利益衡量可采用法律分析方法、经济分析方法以及博弈论方法，并通过利益识别、利益评价、利益整合以及法律理由的搭建等步骤来进行。

（4）在司法实践上，充分重视"有利于"类型冲突规范适用的说理义务,强化"有利于"类型冲突规范法律适用的正当化过程。当前我国司法实践中的"司法规避"问题的突出表现是法官不说理或说理不充分,这种现象说明了在我国的司法实践中法官还未充分认识到其在"有利于"类型冲突规范的适用中所应承担的法律论证的义务。由于"有利于"类型冲突规范适用中法官主要通过后果主义方法来正当化法律选择过程,而后果主义方法的特点就是主观性太强,因此,法官就有义务论证其法律适用过程的合理性与合法性,必须要求法官将进行法律选择的理由在判决书中明述,将法律选择产生过程的合理性公之于众,这样才能确保个案的裁判实现公平、正义的价值追求。[79]经过分析论证,本书提出:从法律选择的形式正义和实质正义出发,"有利于"类型冲突规范的法律论证主要包含形式进路和实质进路,其形式进路主要是通过演绎推理的方式来证明其合法性,而实质进路则主要通过后果主义论证方法来完成。由于后果主义论证具有很强的主观性,为防止法官的恣意,应通过可普遍化性、一致性以及协调性论证方法来保障后果主义论证的正确性。对于我国司法实践现状而言,本书建议,我们应特别细化"有利于"判断的说理论证过程,必须要求法官在判决书中说明法律选择的理由,以保证个案公正的实现。此外,我们应从制度上为"有利于"类型冲突规范的法律论证设立合法性、合理性、客观性以及融贯性四个准则,以使"有利于"类型冲突规范的法律论证沿着正确的道路进行。

7.2 展望

作为一种带有价值导向性的冲突规范,"有利于"类型冲突规范可以说是传统冲突规范融合美国现实主义法律选择方法的产物,两种不同法律适用观念的融合,必然对传统的法律适用观念或模式带来新的挑战,也必然产生一些新的问题,亟待从理论上解决。本书虽然对"有利于"类型冲突规范的适用模式以及论证方法问题进行了一些探索性的思考,试图从理论上建构一套与司法实践相契合的操作模式,但这仍属于一孔之见,未来还有以下几方面的问题需要进一步研究:

(1)本书的特点之一是从法律适用模式的角度研究"有利于"类型冲突规范的适用问题,研究目的主要是解决当前在"有利于"类型冲突规范适用上理论与司法实践脱节的问题。受研究对象的限制,本书主要侧重于从法律思维角度理顺"有利于"类型冲突规范适用过程中两种不同法律思维之间的紧张关系,但相比较而言,对于"有利于"类型冲突规范适用中具体方法的研究还略显薄弱。正如文中所分析的那样,"有利于"类型冲突规范的特殊性在于通过引入"有利于条款"实现弱者利益保护的立法目的,这一目的是"有利于"类型冲突规范所欲实现的可欲后果,而可欲后果的获取是通过后果主义方法实现的。当前我国学者主要是从法律效果的角度研究"有利于"类型冲突规范的适用问题,在某种程度上忽略了从社会效果的角度剖析"有利于"类型冲突规范引入"有利于保护弱者权益的法"的根本目的。从最高人民法院《关于加强和规范裁判文书释法说理的指导意见》可以看出,"有利于"类型冲突规范的适用不仅是追求一种法律效果,同时还要实现弱者利益保护的社会效果,而社会效果的实现只能通过后果主义论证方法来实现。因此,本书主张,应进一步加强后果主义论证方法在"有利于"类型冲突规范适用中的研究,并出台相关司法解释明确后果主义论证方法在"有利于"类型冲突规范适用中的地位、作用和限制条件。

(2)开展"有利于"冲突规范的类案研究。针对"有利于"

类型冲突规范的适用而言，最为紧要的是解决"类案不同判"的问题。正如前面所分析的，当前在"有利于"类型冲突规范的适用中，类案不同判的现象还是存在的。如果"类案不同判"的现象频繁出现，会严重影响当事人和社会公众对司法公正的确信，并进而影响司法权威和司法公信力。[117]由于在"有利于"的判断上缺乏统一的标准，法官就很容易出于各种原因滥用自由裁量权，导致法律适用不统一的问题。鉴于此，本书主张除在未来出台相关司法解释，进一步完善"有利于"类型冲突规范的适用方法外，还应建立"类案指导"制度。具体而言，我们应从以下三个方面入手：一是针对不同类型的案件区分规则管理和方法管理；二是完善类案检索机制；三是总结类案裁判规则和方法，形成主导性的审理思维和方法。[118]

（3）进一步完善统一法律适用标准的工作机制。2020年3月，中共中央办公厅印发的《关于深化司法责任制综合配套改革的意见》，将"完善统一法律适用机制"作为重要内容之一。[119]在司法责任制改革的背景下，各级人民法院对于制定系统的、统一的、完备的法律适用标准工作机制有着迫切的需要。2020年9月23日，最高人民法院发布《关于完善统一法律适用标准工作机制的意见》的通知（法发〔2020〕35号）。《意见》指出，制作统一的法律适用标准工作十分复杂且是一个系统工程，最高人民法院归纳提出10个可供实现法律适用标准统一的方法与路径，并在此基础上进一步提出了21条具体措施。《意见》的出台为全国法院系统的审判工作提出了新的要求，同时也给予了方法上的指导，对于进一步统一"有利于"类型冲突规范的法律适用标准、实现司法公正、提高司法公信力、进一步推进审判体系现代化均具有重要意义。

参考文献

[1] 黄进. 开创中国国际私法新纪元——写在《中华人民共和国涉外民事关系法律适用法》颁布实施之际 [J]. 南阳师范学院学报,2011,10(7):6-7.

[2] 陈卫佐. 涉外民事关系法律适用法的中国特色 [J]. 法律适用,2011(11):48-52.

[3] 叶竹盛. 寻找"更有利的法":比较型冲突规范的司法困境及出路 [J]. 现代法学,2017,39(5):144-160.

[4] 张丽珍.《法律适用法》结果选择规则实施考察 [C] //中国国际私法学会. 新时代中国国际私法的使命——2018年中国国际私法学会年会论义集. 2018:127-159.

[5] 万鄂湘.《中华人民共和国涉外民事关系法律适用法》条文理解与适用 [M]. 北京:中国法制出版社,2011:217.

[6] 高宏贵. 中国涉外民事关系法律适用法研究 [M]. 北京:法律出版社,2016:264.

[7] 袁发强. 有利的法——实质正义的极端化

[J]. 现代法学, 2015, 37 (3): 151-159.

[8] David C. A Critique of the Choice - of - Law Problem [J]. Harvard Law Review, 1933, 47 (2): 173-208.

[9] Joseph M. Characterization: Shadow or Substance [J]. Columbia Law Review, 1949, 49 (8): 1027-1069.

[10] Friedrich K J. Choice of Law and Multistate Justice (Special Edition) [M]. N. Y.: Transnational Publishers, 2005: 203.

[11] Symeon C S. Result - Selectivism in Conflicts Law [J]. Willamette Law Review, 2010, 46 (1): 1-32.

[12] Gerhard K. Paternal Home and Dream Home: Traditional Conflict of Laws and the American Reformers [J]. The American Journal of Comparative Law, 1979, 27 (4): 615-633.

[13] Edoardo V. The Impact in Europe of the American "Conflicts Revolution" [J]. The American Journal of Comparative Law, 1982, 30 (1): 1-18.

[14] Frank V. General Course on Private International Law [J]. Recueil des Cours, 1992, 232 (1): 9-255.

[15] Brainerd C. Notes on Methods and Objectives in the Conflict Laws [J]. Duke Law Journal, 1959: 171-181.

[16] David C. The Choice - of - Law Process [M]. Ann Arbor: The University of Michigan Press, 1965: 139-177.

[17] Robert A L. Choice of Law: A Well - Watered - Plateau [J]. Law&Contemporary Problem, 1977, 41: 10-26.

[18] Luther L M. Toward Application of the Best Rule of Law in Choice - of - Law Cases [J]. Mercer Law Review, 1984, 35: 483-534.

[19] Friedrich K J. Choice of Law and Multistate Justice [M].

Boston&London: Martinus Nijhoff Publishers, 1993: 236.

[20] Symeon C S. Private International Law at the End of the 20th Century: Progress or Pegress? [M]. Boston: Kluwer Law International, 2000, 20 - 21.

[21] Symeon C S. American Choice of Law at the Dawn of the 21st Century [J]. Williamette Law Review, 2001, 37: 1 - 29.

[22] Alexandra M. The U. N. Convention on the Rights of the Child and the Hague Conference on Private International Law: The Dynamics of Children's Rights Through Legal Strata [J]. Transnational Law&Contemporary Problems, 1996, 6: 309 - 326.

[23] Arthur T M. Choice - of - Law Theories and the Comparative - Law Problem [J]. The American Journal of Comparative Law, 1975, 23: 751 758.

[24] Rudolf B S. Book Review of Private International Law - A Comparative Treatise on American International Conflicts Law, Including the Law of Admiralty, General Part [J]. The American Journal of Comparative Law, 1968, 16 (4): 608 - 614.

[25] Masha A. The Better Law Approach and the Harmonization of Family Law [J]. European Journal of Law Reform, 2006, 6: 159 - 179.

[26] 郭玉军. 涉外民事关系法律适用法中的婚姻家庭法律选择规则 [J]. 政法论坛, 2011, 29 (3): 21 - 27.

[27] 宋晓. 当代国际私法的实体取向 [M]. 武汉: 武汉大学出版社, 2004: 151.

[28] 万福良. 论国际私法中的弱者保护原则 [J]. 河南司法警官职业学院学报, 2016, 14 (2): 86 - 90.

[29] 郝华玮. 国际私法中弱者利益保护机制的研究 [D]. 大连：东北财经大学，2016：54.

[30] 卢翠玲. 论法律适用中的有利原则 [D]. 重庆：西南政法大学，2012：21.

[31] 张丽珍.《法律适用法》"有利于"条款实施研究 [J]. 西部法学评论，2015（6）：70-80.

[32] 杜涛. 国际私法的现代化进程——中外国际私法改革比较研究 [M]. 上海：上海人民出版社，2007：162.

[33] 李双元. 国际私法（冲突法篇）[M]. 武汉：武汉大学出版社，2001：318.

[34] 焦宝乾. 法律论证：思维与方法 [M]. 北京：北京大学出版社，2010：126.

[35] 屈广清. 国际私法之弱者保护 [M]. 北京：商务印书馆，2011：192.

[36] 宋晓. 国际私法中的比较法方法 [J]. 法学论坛，2003（3）：103-106.

[37] 黄进. 中国涉外民事关系法律适用法的制定与完善 [J]. 政法论坛，2011，29（3）：3-12.

[38] 西蒙尼德斯. 20世纪末的国际私法——进步还是退步？[M]//宋晓译. 民商法论丛（第24卷），香港：金桥文化出版（香港）有限公司，2002：362-467.

[39] Russell J W. An Approach to Choice of Law that Focuses on Consequences [J]. Albany Law Review，1993，46：701-726.

[40] Yujun Guo. Changing Private International Law in China [J]. Japanese Yearbook of International Law，2012，55：440-455.

[41] Karl N L. Some Realism about Realism - Responding to Dean

Pound [J]. Harvard Law Review, 1931, 44: 1222 - 1264.

[42] 许庆坤. 美国冲突法理论嬗变的法理——从法律形式主义到法律现实主义 [M]. 北京: 商务印书馆, 2009: 31、224.

[43] 刘晓红. 国际私法: 案例与图表 [M]. 北京: 法律出版社, 2012: 55.

[44] 徐锦堂. 当事人合意选法实证研究——以我国涉外审判实践为中心 [M]. 北京: 人民出版社, 2010: 33 - 35.

[45] Symeon C S. Choice of Law in the American Courts in 2012: Twenty - Sixth Annual Survey [J]. The American Journal of Comparative Law, 2013, 61: 217 - 300.

[46] 陈金钊, 熊明辉. 法律逻辑学 (第二版) [M]. 北京: 中国人民大学出版社, 2015: 130.

[47] 张继成. 可能生活的证成与接受——司法判决可接受性的规范研究 [J]. 法学研究, 2008, 30 (5): 3 - 22.

[48] 颜厥安. 法、理性与论证——Robert Alexy 的法论证理论 [J]. 政大法学评论, 1994, 52: 33 - 58.

[49] 尼尔·麦考密克. 法律推理与法律理论. 姜峰译 [M]. 北京: 法律出版社, 2005: 240.

[50] 徐伟功. 《涉外民事关系法律适用法》实施研究 [M]. 北京: 法律出版社, 2019: 339.

[51] 王艺. 结果选择理论研究: 以涉外产品责任领域为例 [M]. 北京: 光明日报出版社, 2014: 155 - 156.

[52] 阿马蒂亚·森. 后果评价与实践理性 [M]. 应奇编译. 上海: 东方出版社, 2006: 410.

[53] 闫卫军. 论正确查明和适用外国法的可能性——兼论外国法查明问题的定性 [J]. 海峡法学, 2010, 12 (3): 101 - 105.

［54］Luther L M. The Real Legacy of Babcock v. Jackson: Lexi Fori Instead of Lex Fori Delicti and Now It's Time for a Real Choice – of – Law Revolution［J］. Albany Law Review, 1993, 56: 795 – 806.

［55］Symeon C S. American Private International Law［M］. The Netherlands: Kluwer Law International, 2008: 243 – 247.

［56］时显群. 社会学法律解释方法研究［M］. 北京: 知识产权出版社, 2019: 7.

［57］理查德·A. 波斯纳. 法理学问题［M］. 苏力译. 北京: 中国政法大学出版社, 2002: 9.

［58］卡尔·拉伦茨. 法学方法论［M］. 陈爱娥译. 北京: 商务印书馆, 2003: 117.

［59］杨知文. 社会学解释方法的司法运用及其限度［J］. 法商研究, 2017, 34 (3): 48 – 57.

［60］本杰明·卡多佐. 司法过程的性质［M］. 苏力译. 北京: 商务印书馆, 2000: 70.

［61］杨知文. 基于后果评价的法律适用方法［J］. 现代法学, 2014, 36 (4): 35 – 48.

［62］李鑫. 法律原则适用的方法模式研究［M］. 北京: 中国政法大学出版社, 2014: 61.

［63］麦考密克, 魏因贝格尔. 制度法论［M］. 周叶谦译. 北京: 中国政法大学出版社, 1994: 247.

［64］王彬. 司法裁决中的"顺推法"与"逆推法"［J］. 法制与社会发展, 2014, 20 (1): 73 – 88.

［65］杨知文. 司法裁决的后果主义论证［J］. 法律科学（西北政法大学学报）, 2009, 27 (3): 3 – 13.

［66］Neil M. On Legal Decisions and Their Consequences: From

Dewey to Dworkin [J]. New York University Law Review, 1983, 2: 239-258.

[67] Jerzy W. Justification Through Principles and Justification Through Consequences in Reason in Law [M]. Milano: Giuffre, 1984: 168.

[68] Hart H L A. American Jurisprudence though English Eyes: The Nightmare are and the Noble Dream, in his Essays in Jurisprudence and Philosophy [M]. Oxford: Oxford University Press, 1983: 132.

[69] 吕世伦，文正邦. 法哲学论 [M]. 北京：中国人民大学出版社，1999：615.

[70] 王彬. 法律解释的本体与方法 [J]. 广东省社会主义学院学报，2006（1）：51-56.

[71] 涂怀莹. 法学绪论——现代法学十二讲 [M]. 自印本，1985：27，239.

[72] 普列汉诺夫. 马克思主义的基本问题 [M]. 北京：人民出版社，1957：21-22.

[73] Friedrich K V S. A Treatise on the Conflict of Laws [M]. translated by William Guthrie. Edinburgh: T. & T. Clark Law Publisher, 1849: 140.

[74] 约翰·亨利·梅利曼. 大陆法系（第二版）[M]. 顾培东等译. 北京：法律出版社，2004：39.

[75] 陈金钊. 法律解释学 [M]. 北京：中国政法大学出版社，2002：85.

[76] Giovanni S. Legal Reasoning: A Cognitive Approach to the Law [M]. Dordrecht: Springer, 2007: 394.

[77] 陈林林. 公众意见在裁判结构中的地位 [J]. 法学研

究，2012，34（1）：96-107.

［78］范春莹. 法律思维研究［D］. 济南：山东大学，2008：80.

［79］肖永平，丁汉韬. 论《法律适用法》中无条件选择性冲突规范的适用［J］. 法律科学，35（4）：173-179.

［80］李双元，欧福永. 国际私法（第五版）［M］. 北京：北京大学出版社，2019：99.

［81］雅克·盖斯旦，吉勒·古博. 法国民法总论［M］. 陈鹏等译. 北京：法律出版社，2004：38.

［82］亚图·考夫曼. 类推与"事物本质"——兼论类型理论［M］. 吴从周译. 台北：学林文化事业有限公司，1999：95.

［83］Giovanni S. A Formal Model of Legal Argumentation［J］. Ratio Juris，1994，7（2）：177-211.

［84］陈金钊. 法律人思维中的规范隐退［J］. 中国法学，2012（1）：5-18.

［85］陈金钊. 被社会效果所异化的法律效果及其克服——对两个效果统一论的反思［J］. 东方法学，2012（6）：44-61.

［86］杨仁寿. 法学方法论［M］. 北京：中国政法大学出版社，1999：175-176.

［87］梁慧星. 民法解释学［M］. 北京：中国政法大学出版社，1995：316.

［88］郑金虎. 基于司法克制主义立场的利益衡量操作规则［J］. 华东政法大学学报，2010（1）：128-134.

［89］Wolfang F. Legal Theory（5th ed）［M］. London：Stevens and Sons，1967：334-335.

［90］罗斯科·庞德. 法理学（第3卷）［M］. 廖德宇译. 北京：法律出版社，2007：247.

[91] 孔祥俊. 裁判的方法论思考——裁判的效果取向与防止机械司法 [M] //最高人民法院中国应用法学研究所. 人民法院案例选（2009 年第 2 辑）. 北京：中国法制出版社，2009：129 – 140.

[92] 杨力. 民事疑案裁判的利益衡量 [J]. 法学，2011 (1)：50 – 60.

[93] 谢晖. 法哲学讲演录 [M]. 桂林：广西师范大学出版社，2007：389.

[94] 郑金虎. 司法过程中的利益衡量研究 [D]. 济南：山东大学，2010：99.

[95] 沈仲衡. 论法律推理中的利益衡量 [J]. 求是学刊，2003，30 (6)：81 – 86.

[96] 陈金钊. 法律方法引论 [M] //陈金钊，谢晖主编. 法律方法（第 2 卷）. 济南：山东人民出版社，2003：153.

[97] 梁慧星. 裁判的方法 [M]. 北京：法律出版社，2003：187.

[98] [美] 罗斯科·庞德. 法理学（第 3 卷）[M]. 北京：法律出版社，2007：18 – 19.

[99] 梁上上. 利益衡量论 [M]. 北京：法律出版社，2013：40 – 47.

[100] [德] 赫克. 利益法学 [J]. 傅光宇译. 比较法研究，2006 (6).

[101] 郑金虎. 最优司法判决结果的博弈解读——兼及法律方法的可操作性 [J]. 山东大学学报（哲学社会科学版），2010 (1)：96 – 102.

[102] 谢丹. 经济分析法学派述评 [J]. 江西社会科学，

2003（5）：178-180.

［103］朱·弗登博格，让·梯若尔.博弈论［M］.黄涛译.北京：中国人民大学出版社，2002：10.

［104］李绍荣.帕累托最优与一般均衡最优之差异［J］.经济科学，2002（2）：75-80.

［105］约翰·罗尔斯.作为公平的正义——正义新论［M］.姚大志译.上海：上海三联书店，2002：446-448.

［106］陈兴华，李娜.论利益衡量在民法适用中的展开［J］.云南大学学报（法学版），2004（6）：51-55.

［107］Frans H V E, Rob G, Francisca S H. Fundamentals of Argumentation Theory：A Handbook of Historical Backgrouds and Contemprorary Develepments［M］. Abingdon：Routledge, 1996：5.

［108］罗伯特·霍恩.法律科学与法哲学导论［M］.罗莉译.北京：法律出版社，2005：151.

［109］陈林林.裁判的进路与方法——司法论证理论导论［M］.北京：中国政法大学出版社，2007：35-36.

［110］杨知文.法律论证具体方法的规范研究［M］.北京：中国社会科学出版社，2013：174-178.

［111］王海明.伦理学方法［M］.北京：商务印书馆，2003：366.

［112］托马斯·维滕贝格尔.法律方法论之晚近发展［J］.张青波译.法哲学与法社会学论丛，2005（8）：16-33.

［113］颜厥安.法与实践理性［M］.北京：中国政法大学出版社，2003：201.

［114］尤尔根·哈贝马斯.交往行为理论：行为合理性与社会合理性［M］.曹卫东译.上海：上海人民出版社，2004：163.

[115] 伽达默尔. 真理与方法——哲学诠释学的基本特征（上卷）[M]. 洪汉鼎译. 上海：上海译文出版社，1999：376.

[116] 郑永流. 法律判断形成的模式[J]. 法学研究，2004（1）：140-149.

[117] 刘作翔."类案同判"是维护法制统一的法治要求[N]. 人民法院报，2020-10-20（2）.

[118] 上海市第一中级人民法院课题组. 司法责任制背景下统一法律适用标准研究——以类案同判为目标[J]. 中国应用法学，2020（5）：15-24.

[119] 刘峥，何帆，危浪平.《最高人民法院关于深化司法责任制综合配套改革的实施意见》的理解与适用[EB/OL]. (2020-8-4) [2025-4-10]. https://www.chinacourt.org/article/detail/2020/08/id/5390966.shtml.